はじめに

かつては多くの知識と、正確で速い計算力が求められていました。ところが、今や知識と計算はコンピュータの仕事となり、最後に残されたのは言葉の力だけになりました。コンピュータを動かすのも、プログラミングも、人工知能も、すべては言葉の論理的な使い方なのです。

特に小学生の頃は言葉の使い方を習得するための、非常に大切な時期です。そのときに子どもたちにどのような言葉の与え方をするのかが、後の子どもたちの人生に大きく影響します。

本書に掲載《けいさい》された文章はどれも論理的に書かれたものばかりです。それなのに、筆者の立てた筋道（論理）を無視して、自分勝手に読み、行き当たりばったり設問を解いたところで、何の意味もありません。文章を論理的に読むことで、初めて子どもたちに論理の力が芽生えてくるのです。

論理力は単に国語だけでなく、あらゆる教科の土台となる力であり、さらには生涯《しょうがい》の武器ともなる大切な力です。これを鍛《きた》えることにより、新しい時代に立ち向かう強力な武器を手に入れてください。

小学生の時期は子ども自身が教育を選ぶことはできません。子どもたちにどのような教育を選択《せんたく》するのかは保護者のみなさまですが、その結果は子どもたちの生涯にわたって、子どもたち自身が負うことになります。だからこそ、「ドリルの王様」を活用して、「論理力」を高めていってほしいのです。

出口《でぐち》 汪《ひろし》

ドリルじいの アドバイス

もんだいに　とり組《く》む　前《まえ》に、おうちの人と　いっしょに　読《よ》もう。

❶ 元気《げんき》よく、音読を　しよう！

できるだけ　声《こえ》に　出して　読もう。

なるべく　おうちの人に　聞《き》いて　もらおう。

❷ 話《はなし》の　すじみちを　考《かんが》えて　読もう！

この　本では、物語《ものがたり》　せつ明《めい》文　詩《し》の　３つの　文しょうが　出て
くるよ。

それぞれに　読み方の　ポイントが　あるから　おぼえよう。

物語

だれが、どう　するのかな？

話の　なかに　出て　くる

人や　どうぶつに　ちゅう目しよう！

いつ、どこでの　ことかな？

時間《じかん》を　あらわす　ことばを　見つけよう！

(あした　　きのう　　朝《あさ》から　　二時まで　など)

ばしょを　あらわす　ことばに　気を　つけよう！

(学校で　　公園《こうえん》に　　木の 下　　川の 近《ちか》く　など)

どんな　気もちや　ようすかな？

人の　気もちや　ものの　ようすを

あらわす　ことばを　さがそう！

(うれしい　　楽《たの》しい　　大きな　　元気な　など)

せつ明文

何《なん》の　せつ明かな？

文しょうは　何《なに》に　ついて　書《か》かれて　いるのかを
かんがえよう！

じゅんじょは　どう　なって　いるかな？

じゅんじょを　あらわす　ことばを　見つけよう！
(まず　　つぎに　　さいごに　　それから　など)

だいじな　ところは　どこかな？

せつ明の　なかで、だいじな　ことばや　文を
たしかめよう！

詩

どんな　気もちかな？

詩の　なかに　出て　くる
気もちを　あらわす　ことばを　読みとろう！

リズムよく　読もう！

なんども　出て　くる　ことばや、おもしろい
ことばに　ちゅう目して、声に　出して　読もう！

③ おうちの人に、読んだ　ことを　話そう！

もんだいを　やり終《お》えたら、文しょうを　読んで
知《し》った　ことや　おぼえた　ことを、おうちの人に
話して　みよう！

もくじ　2年の文章読解

1 「だれが どう する」を 読《よ》みとる ①

月 日	時《じ》 分《ふん》〜 時 分
名前《なまえ》	点《てん》

1 つぎの 文しょうを 読《よ》んで、下の もんだいに 答《こた》えましょう。

たぬきが、川を ながめて います。
川には、魚《さかな》が およいで います。

たぬきは、魚を とろうと 思《おも》いました。
そこで、はしの 上から バケツを 下ろしました。

魚は、すいすい およいで いきます。
たぬきの バケツには、一ぴきも 入りませんでした。

① 川を ながめて いるのは、だれですか。 10点

（たぬき）

どうぶつの 名前《なまえ》を なぞって 書《か》こう。

② たぬきは、はしの 上から どう しましたか。 10点

バケツを （下ろした）。

③ 何《なに》が、およいで いきますか。 15点

（　　）

④ 魚は、バケツに 入りましたか。 15点

（　　）

50点

おうちの方へ

めざせ！論理力の王様

主語と述語、語のまとまりを意識しながら音読をしましょう。とくに、「だれが、どうする」を、正しく理解できているか確認しましょう。また、文章だけでなく、問いかけ文の音読もして、「問われていること」を明らかにしましょう。

2 つぎの 文しょうを 読《よ》んで、下の もんだいに 答《こた》えましょう。

50点

さると くまが、
やって きました。
「ぼくたちも
てつだうよ。」

さるは、しっぽを
川に 入《い》れました。
でも、魚《さかな》は
つれません。

くまは、ジャブジャブと
川の 中へ 入りました。
そして、りょう手で
魚を つかまえて、
たぬきに あげました。

① だれが、やって きましたか。
○を つけましょう。

ぜんぶできて15点

ア（　）たぬき
イ（　）さる
ウ（　）くま

二人《ふたり》 来《き》たよ。

② さるは、しっぽを どう しましたか。

20点（一つ10）

（　　　　）に（　　　　）。

③ くまは、つかまえた 魚を どう しましたか。

15点

（　　　　）

2 ②さるは、しっぽで 魚を つろうと したんだね。

「だれが　どう　する」を読みとる　②

月　日　時《じ》　分《ふん》〜　時　分

名前《なまえ》

点《てん》

❶ つぎの　文しょうを　読《よ》んで、下の　もんだいに　答《こた》えましょう。 50点

みのりと　りのが、広場《ひろば》で　子ねこを　見つけました。

子ねこは、首《くび》に　すずを　つけて　いました。

「まいごに　なったのかな。」

みのりは、子ねこを　だっこして、りのと　いっしょに　おやねこを　さがしました。
けれど、おやねこは　見つかりません。
「こまったなあ。」
りのは、ベンチの　下を　のぞいて　います。

① 子ねこを　見つけたのは、だれですか。二人《ふたり》　書《か》きましょう。 10点（一つ5）

（みのり）（りの）

② 子ねこは、首に　何《なに》を　つけて　いましたか。 10点

（すず）

③ みのりは、子ねこを　どう　しましたか。 10点

（　　　）

④ 二人は、何を　さがしましたか。 10点

（　　　）

⑤ りのは、どう　して　いますか。 10点

（　　　）

おうちの方へ

物語のなかで「だれが」出てきて、「どうした」のかをお子さんに尋《たず》ねてみてください。話の順序にしたがって正しく理解できているかを確認し、十分でない場合は音読を繰《く》り返すようにご指導ください。

2 つぎの 文しょうを 読《よ》んで、下の もんだいに 答《こた》えましょう。

50点

あかねが、紙《かみ》を もって、広場《ひろば》に やって きました。紙には、しゃしんが のって いました。まいごの 子ねこが うつって います。

「みのりちゃん、その ねこ！」
あかねは、みのりに かけよりました。
その とき、みのりの 手から 子ねこが ぴょんと とびおりて、走《はし》って いきました。三人《にん》で おいかけて いくと、おやねこが いて、子ねこを なめて いました。

① あかねは、何《なに》を （　　） もって いましたか。　10点

② 紙には、何が のって いましたか。　10点

［　　　　］

③ だれが、だれに かけよりましたか。　二つできて15点

・（　　）が （　　）に かけよった。

④ おやねこは、何を、どう して いましたか。　二つできて15点

（　　）を （　　）。

「〜に」「〜を」と いう ことばを、文しょうの なかから さがそう。

3 「だれが　どう　する」を 読みとる ③

月　日　時《じ》　分《ふん》〜　時　分

名前《なまえ》

点《てん》

1 つぎの 文しょうを 読《よ》んで、下の もんだいに 答《こた》えましょう。　50点（一つ10）

こおろぎは　ともだちが
ほしくなって、
こーろころと
あるいて　いきました。
すると――
かきねの　そばで、
ひよこが　えさを
ひろって　いました。
こおろぎは
あいさつ　しました。
「ひよこさん、こんにちは」
けれど、あいにく、ひよこは
ごきげんが　わるくって、
つんつんと　あしで　すなを
けったきりでした。

村山　桂子「たろうのともだち」〈福音館書店〉より

① ともだちが　ほしくなって　あるいて　いったのは、だれですか。

（こおろぎ）

② かきねの　そばで、だれが　何《なに》を　ひろって　いましたか。

・（ひよこ）が（えさ）を　ひろって　いた。

③ こおろぎは、ひよこに　どう　しましたか。

（　　　　）した。

④ ひよこは、どう　しましたか。〇を　つけましょう。

ア（　）こおろぎに　あいさつした。
イ（　）あしで　すなを　つついた。
ウ（　）あしで　すなを　けった。

おうちの方へ

めざせ！論理力の王様

主語がわかりにくい場合は、先に述語を見つけて、「だれが（なにが）～するのか。」「だれが（なにが）～なのか。」のように、問いかけのかたちにすることで見つけることができます。

2 つぎの 文しょうを 読《よ》んで、下の もんだいに 答《こた》えましょう。

50点（一つ10）

「あの……こんにちは」と、
こおろぎは また いいました。
すると、ひよこは ぷーっと
はねを ふくらませて、
「なんだ ちびすけ、
おまえなんか
つかまえて、
つっついちゃうぞ！」
と、こおろぎに
むかってきました。
「いやーん、ごめんよ。
たすけてよ」
「それなら、ぼくの けらいに
なるんだぞ」
「うん、いいよ。たすけて
くれるなら……」

村山 桂子「たろうのともだち」〈福音館書店〉より

① ——線《せん》は、だれが だれに 言《い》った ことばですか。

・（　　）が（　　）に 言った ことば。

② ひよこは、何《なに》を ふくらませましたか。

（　　）

③ ひよこは、だれに むかって きましたか。

（　　）

④ ひよこは、こおろぎに、何に なるように 言いましたか。

ひよこの（　　）。

2 ①こおろぎは、ひよこに また あいさつして いるね。

4 「だれが どう する」を 読みとる ④

月　日　時《じ》　分《ふん》～　時　分

名前《なまえ》

点《てん》

1 つぎの 文しょうを 読《よ》んで、下の もんだいに 答《こた》えましょう。 50点

ひよこは、じぶんより
つよそうな ねこを みると、
「やあ、ねこさん、こんにちは」
けれど、あいにく、ねこは
ごきげんが わるくって、
きんいろの めを きらりと
させたきりでした。
「あの……こんにちは」と、
ひよこは また いいました。
すると、ねこは へいから
とびおり、しっぽを たてて、
「なんだ ちびすけ、
おまえなんか つかまえて、
ひっかいちゃうぞ！」
と、ひよこに むかって
きました。

村山 桂子「たろうのともだち」〈福音館書店〉より

① ねこに あいさつしたのは、だれですか。 10点

（　　　　）

ねこには、二回《かい》 あいさつ して いるよ。

② きんいろの めを きらりと させたのは、だれですか。 10点

（　　　　）

③ ねこが した ことに、○を 二つ つけましょう。 20点（一つ10）

㋐（　）へいから とびおりた。
㋑（　）しっぽを たてた。
㋒（　）ひよこを ひっかいた。

④ ねこは、だれに むかって きましたか。 10点

（　　　　）

おうちの方へ

めざせ！論理力の王様

様々な問いかけ文が出てきます。文章内容よりも、問いかけ文の内容を正しく理解できずにつまずいてしまうことが多いです。お子さんが問題につまずいたときは、問いかけ文についても確認するようにしてください。

2 つぎの 文しょうを 読《よ》んで、下の もんだいに 答《こた》えましょう。

50点

（ねこと ひよこと こおろぎは、いぬの けらいに なりました。）

いぬと ねこと ひよこと
こおろぎは、いちれつに ならんで、
わんわんわん にゃごにゃごにゃご
ぴいぴいぴい こーろころと
あるいて いくと、こんどは、
とぐちの まえに、たろうが
たって いました。
いぬは、げんきそうな
たろうを みると、
「やあ、たろうさん こんにちは」
すると、たろうは ごきげんな
こえで、
「ああ、こんにちは。みんな
おそろいで さんぽかい。ぼくも
なかまに いれて おくれよ」

村山 桂子「たろうのともだち」〈福音館書店〉より

① 一れつに ならんで いたのは、だれですか。○を つけましょう。 ぜんぶできて20点

㋐（　）ひよこ　㋑（　）ねこ
㋒（　）たろう　㋓（　）いぬ
㋔（　）こおろぎ

合《あ》う もの ぜんぶに ○を つけてね。

② たろうは、どこに いましたか。 10点

（　　　　）。

③ いぬは、だれを 見て あいさつしましたか。 10点

（　　　　）

④ たろうは、どんな こえで 答えましたか。 10点

（　　　　）こえ。

２③「やあ、たろうさん」と、よびかけて いるね。

5 まとめの テスト

月　日　もくひょう時間《じかん》15分《ふん》

名前《なまえ》

点《てん》

1 つぎの 文しょうを 読《よ》んで、下の もんだいに 答《こた》えましょう。

よが　あけました。
あさの　ひかりを　あびて、
竹やぶの　竹の　はっぱが、
「さむかったね。」
「うん、さむかったね。」
と　ささやいて　います。
雪《ゆき》が　まだ　すこし　のこって、
あたりは　しんと　して　います。
どこかで、小さな
こえが　しました。
「よいしょ、よいしょ。おもたいな。」
竹やぶの　そばの、ふきのとうです。
雪の　下に　あたまを　出して、
雪を　どけようと、
ふんばって　いる　ところです。

工藤　直子「ふきのとう」
令和2年度版　光村図書「こくご　二上　たんぽぽ」より

50点（一つ10）

① ささやいて　いるのは、だれですか。

［　　　　　］。

② 「小さな　こえ」とは、だれの　こえですか。○を　つけましょう。

㋐（　）竹の　はっぱ。
㋑（　）雪
㋒（　）ふきのとう

③ ふきのとうは、どう　して　いる　ところですか。

・（　　　）を（　　　）と、
（　　　）ところ。

2 つぎの 文しょうを 読《よ》んで、下の もんだいに 答《こた》えましょう。 50点

お日さまに おこされて、
はるかぜは、大きな あくび。
それから、せのびして
言《い》いました。
「や、お日さま。や、みんな。
おまちどお。」
はるかぜは、むね
いっぱいに いきを
すい、ふうっと
いきを はきました。

はるかぜに ふかれて、竹やぶが、
ゆれる ゆれる、おどる。
雪《ゆき》が、とける とける、水に なる。
ふきのとうが、ふんばる、
せが のびる。

工藤 直子「ふきのとう」
令和2年度版 光村図書「こくご 二上 たんぽぽ」より

① はるかぜは、だれに おこされましたか。 10点

（　　　　　　）

② はるかぜは、「おまちどお。」と 言ってから、どう しましたか。 20点

・むね いっぱいに （　　　　　　）

③ はるかぜに ふかれると、どう なりますか。――で つなぎましょう。（二つ あてはまる ものも あります。） ぜんぶできて20点

竹やぶ・	・ゆれる。
雪・	・とける。
ふきのとう・	・せが のびる。
	・おどる。
	・ふんばる。

6 なんの せつ明かを 読みとる ①

月　日　時《じ》　分《ふん》〜　時　分

名前《なまえ》

点《てん》

1 つぎの 文しょうを 読《よ》んで、下の もんだいに 答《こた》えましょう。 50点

「プッ」「ブー」と、出て くる おなら。おならは、どうして 出るのでしょう。また、どうして くさい においが するのでしょう。

ものを 食《た》べたり のんだり する ときに、口から 空気《くうき》が 入ります。その 空気が、おしりから 出るのが、おならです。

空気は、おなかの 中の、うんちの そばも 通《とお》ります。うんちに なる ときに できる ガスも、いっしょに 出るので、くさい においが するのです。

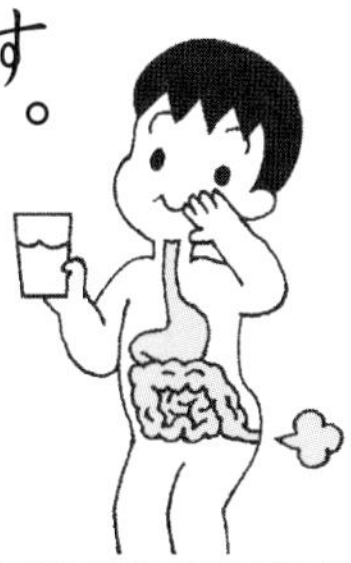

① 何《なに》に ついて、せつ明《めい》した 文しょうですか。 10点

② 二つの といかけの 文の よこに、——を 引《ひ》きましょう。 20点（一つ10）

「〜でしょう。」と いう 文だよ。

③ おならは、何が おしりから 出た ものですか。 10点

口から 入った（　　　　）。

④ [　] で かこんだ 文は、何に ついて せつ明して いますか。○を つけましょう。 10点

㋐（　）おならが、くさい わけ。

㋑（　）おならが、出る わけ。

㋒（　）おならの はたらき。

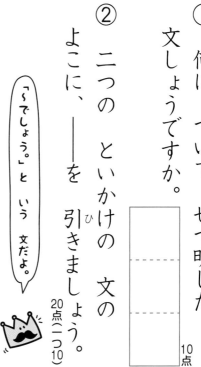

おうちの方へ

めざせ！論理力の王様

説明文は、「どうして〜でしょう。」のような「問い」と、「だから」「〜ので」のような「答え(理由)」を表す文で構成されていることがあります。構成を意識するだけでもわかりやすくなるので、必ず注目するようにご指導ください。

2 つぎの 文しょうを 読《よ》んで、下の もんだいに 答《こた》えましょう。 50点

たてものの 高《たか》い ところに、ツバメの すを 見つけた ことは ありませんか。ツバメは、人が すんで いる 町や 村に すを 作《つく》るのです。

どうして ツバメは、町や 村に すを 作るのでしょう。町や 村には、人が いるので、トビや タカ、ヘビなどの てきが、すに 近《ちか》よれません。だから、あん心《しん》して 子そだてが できるのです。

① 何《なに》に ついて、書《か》かれた 文しょうですか。

[　　　] の [　　]。

二つできて20点

② ——線《せん》は、何に ついて、といかけた 文ですか。

・ツバメが、（　　　）に すを 作る りゆう。

10点

③ ツバメが、人が いる ところに すを 作るのは、なぜですか。

・[　　]が、[　　]に 近よれないように する ため。

二つできて20点

❶②「どうして……でしょう。」と、読む 人に たずねる 文が、「といかけの文」だよ。

7 なんの せつ明かを 読みとる ②

月　日　時《じ》　分《ふん》～　時　分

名前《なまえ》

点《てん》

1 つぎの 文しょうを 読《よ》んで、下の もんだいに 答《こた》えましょう。 60点

新《しん》かん線《せん》は、とても はやい 電車《でんしゃ》です。
新かん線は、どうして はやく 走《はし》れるのでしょうか。

はやく 走る ために、まず、車《しゃ》りょうの 形《かたち》が、くふうされて います。先頭《せんとう》は、細長《ほそなが》い 流線型《りゅうせんけい》を して います。また、車りょうの おもさを できるだけ かるく して います。
この ほか、線《せん》ろは、カーブが ゆるやかで、ふみきりも ないので、スピードが 出せるのです。

① 何《なに》に ついて、せつ明《めい》した 文しょうですか。 10点

（　　　　）が はやい わけ。

② といかけの 文の よこに、――を 引《ひ》きましょう。 10点

③ 車りょうの くふうに、○を 二つ つけましょう。 20点（一つ10）

㋐（　）高《たか》さが ひくい。
㋑（　）先頭の 形が 細長い。
㋒（　）おもさが かるい。

④ 車りょうの ほかに、どんな くふうが ありますか。 20点（一つ10）

・線ろの カーブが（　　　　）。
・ふみきりが（　　　　）。

おうちの方へ

めざせ！論理力の王様

説明文では、文章をわかりやすくするために、「順序」を表す言葉がよく使われます。「まず、つぎに、（また、）…」や「春、夏、秋…」などの言葉に注目し、「説明の順序」を意識しましょう。

2 つぎの　文しょうを　読《よ》んで、下の　もんだいに　答《こた》えましょう。 40点

ごはんは、お米《こめ》を　たいて　作《つく》ります。では、お米とは　いったい　なんでしょうか。お米は、もともとは、イネと　いう　草の　実《み》なのです。

春《はる》、イネの　実から　生《は》えた　なえを、田んぼに　うえます。イネは、細長《ほそなが》い　葉《は》を　のばし、夏《なつ》に、ほを　つけます。秋《あき》には、ほに　たくさんの　実が　みのります。

この　実を　とって、かわを　はずした　白い　つぶが、お米です。

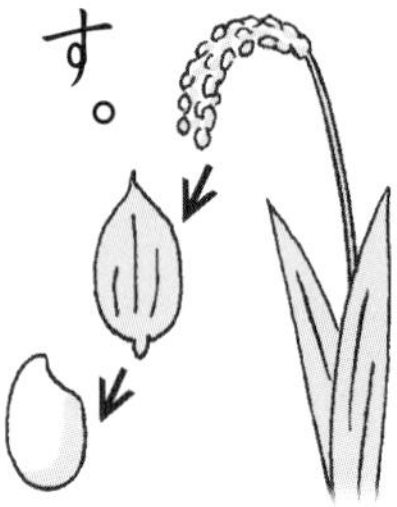

① 何《なに》に　ついて、せつ明《めい》した　文しょうですか。 10点

（　　　　）

何回《なんかい》も　出て　くる　ことばに　ちゅうい！

② お米は、もともとは　なんと　いう　草の　実ですか。 10点

③ □は、なんの　せつ明ですか。○を　つけましょう。 10点

㋐（　）イネの　食《た》べ方《かた》。

㋑（　）イネの　とり方。

㋒（　）イネの　そだち方。

④ きせつと、イネの　ようすを、――で　つなぎましょう。 ぜんぶできて10点

春・　　・実が　みのる。

夏・　　・なえを　うえる。

秋・　　・ほが　つく。

２③「春、」「夏に、」「秋には、」と　いう　ことばに　ちゅう目《もく》して、読みとろう。

きほんのドリル　せつ明《めい》文

8 なんの　せつ明かを　読みとる　③

月　日　時《じ》　分《ふん》〜　時　分

名前《なまえ》

点《てん》

1 つぎの　文しょうを　読《よ》んで、下の　もんだいに　答《こた》えましょう。 50点

木の　みきに、円《まる》い　あなが
空《あ》いて　います。いったい、
だれが　空けたのでしょう。
答えは、カミキリムシです。
木の　みきの　中で　そだった
カミキリムシは、大きく　なると、
するどい　大あごで　みきを
かじって、あなを　空け、外《そと》に
出て　きます。
人間《にんげん》が　木に
あなを　空ける
ときは、ドリルと
いう　道具《どうぐ》を　つかいます。
カミキリムシの　大あごは、
ドリルと　同《おな》じ　はたらきを
して　いるのです。

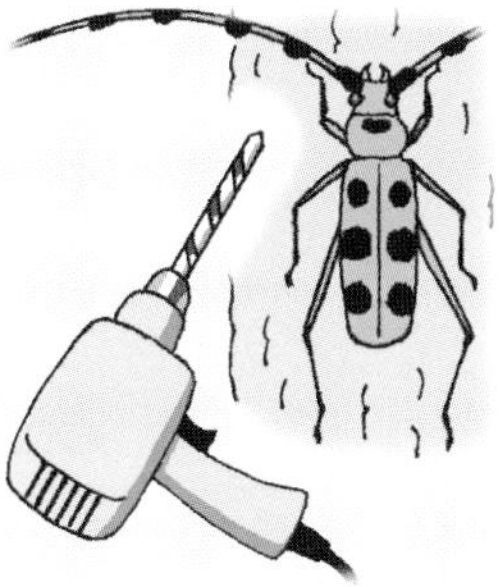

澤口　たまみ「虫は　道具を　もって　いる」
平成26年度版　東京書籍「新しい国語　二下」より

① なんの　虫に　ついて、せつ明《めい》して　いますか。 20点

（　　　　　）

② カミキリムシは、どこで　そだちますか。○を　つけましょう。 15点

ア（　）木の　えだの　上。
イ（　）木の　みきの　中。
ウ（　）木の　はの　中。

③ カミキリムシの　大あごは、何《なに》と　同じ　はたらきを　して　いますか。 15点

（　　　　　）

おうちの方へ

説明文では、二つのものを対応させながら説明を進めることがあります（ここでは、「虫の体」と「人間の道具」）。それぞれの「共通点」や「相違《そうい》点」を整理し、対応する関係を読み取りましょう。

2 つぎの 文しょうを 読《よ》んで、下の もんだいに 答《こた》えましょう。 50点

人間《にんげん》なら 道具《どうぐ》を つかって するような ことを、虫たちは じぶんの 体《からだ》で するのです。

いったい、どんな ことを するのでしょう。

ケラは、つよくて かたい 前足《まえあし》で 土を ほり、かき分《わ》けて、すすんで いきます。人間が、くまでを つかって 土を ほるのに にて います。

カマキリは、するどい 前足で えものを はさんで つかまえます。人間が、あみを つかって、生きものを つかまえるのに にて います。

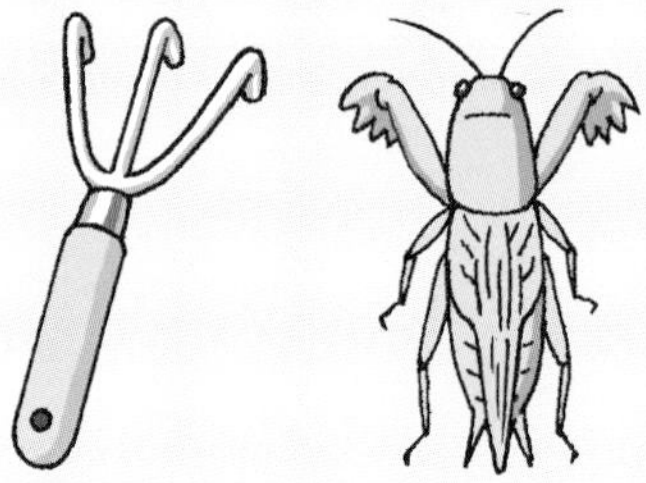

澤口 たまみ「虫は 道具を もって いる」平成26年度版 東京書籍「新しい国語 二下」より

① 人間が 道具を つかって する ことを、虫たちは、何《なに》で するのですか。 15点

（　　　　）

② なんの 虫に ついて、せつ明《めい》して いますか。 20点（一つ10）

（　　　　）（　　　　）

二つの 虫の 名前《なまえ》を 書《か》いてね。

③ つぎの 虫の 前足は、人間の どの 道具と にて いますか。——で つなぎましょう。 15点

ケラの 前足 ・　　・あみ

カマキリの 前足 ・　　・くまで

 ②③土を ほる とき、生きものを つかまえる ときを 考えよう。

なんの　せつ明かを　読みとる　④

月　日　時《じ》　分《ふん》〜　時　分

名前《なまえ》

点《てん》

1　つぎの　文しょうを　読《よ》んで、下の　もんだいに　答《こた》えましょう。　50点

人間《にんげん》が　はつ明《めい》して
いない　道具《どうぐ》を　もつ
虫たちも　います。
　アメンボには、
水面《すいめん》を　じゆうに
あるける　足が
あります。ハエや
アブには、かべや
天じょうでも　じゆうに
とまれる　手足が　あります。
そして、トンボや　ハチのように、
空を　思《おも》いのままに
とぶ　ことの　できる
羽《はね》を　もって　いる
虫たちも
います。

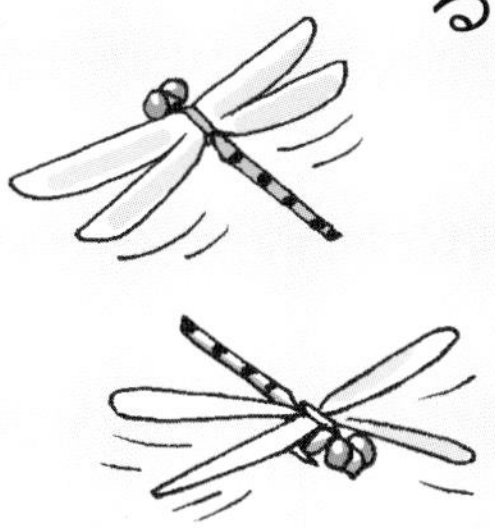

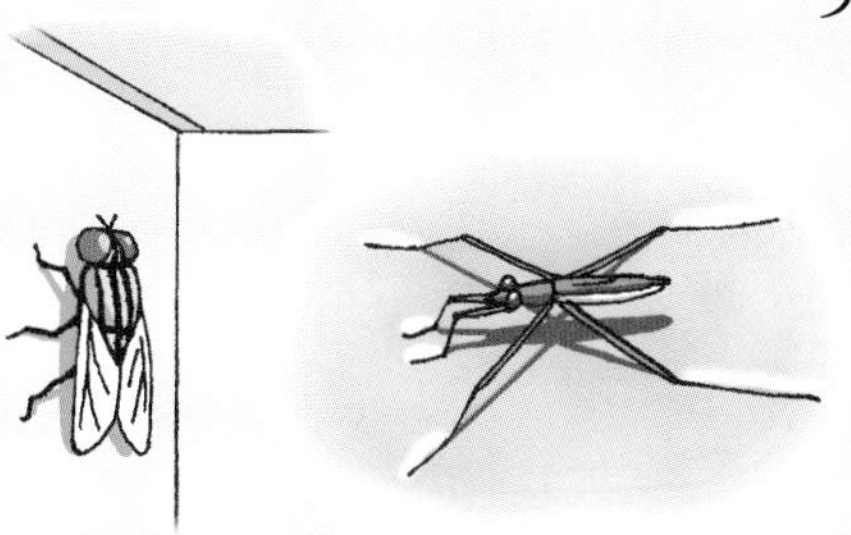

澤口　たまみ「虫は　道具を　もって　いる」
平成26年度版　東京書籍「新しい国語　二下」より

① どんな　道具を　もつ　虫たちに　ついて、せつ明して　いますか。　20点

（　　　　　　　　）道具。

はじめの　文を　よく　読もう。

② 水面を　じゆうに　あるける　足を　もって　いる　虫は　なんですか。　10点

（　　　　　　　　）

③ かべや　天じょうでも　じゆうに　とまれる　手足が　ある　虫は、つぎの　どれですか。○を　二つ　つけましょう。　20点（一つ10）

㋐（　）ハエ　　㋑（　）ハチ

㋒（　）トンボ　　㋓（　）アブ

おうちの方へ

説明文で大切なのは、「具体」と「抽象」です。説明をより詳しくするために具体例を出し、文章をわかりやすくまとめるために簡潔な表現を用います。説明文を読むときは、「詳しくしていること」「まとめていること」を整理しましょう。

2 つぎの 文しょうを 読《よ》んで、下の もんだいに 答《こた》えましょう。 50点（一つ10）

では、どうして 虫たちは、このような 体《からだ》を もつように なったのでしょう。

それは、虫たちの 生《い》き方《かた》に かんけいが あります。虫たちは、生きて いく ために、木や 草の 上、地面《じめん》、土の 中、水の 中などの さまざまな 場所《ばしょ》に 分《わ》かれて すんで きました。

そのため、虫たちは、すむ 場所や 食《た》べものや くらし方に 合《あ》うように、体の 形《かたち》や はたらきを かえて きたのです。

澤口 たまみ「虫は 道具を もって いる」平成26年度版 東京書籍「新しい国語 二下」より

① といかけの 文の よこに、――を 引《ひ》きましょう。

「……でしょう。」と いう 文が、といかけの 文だよ。

② 虫たちの 体の 形は、何《なに》と かんけいが ありますか。

虫たちの（　　　　）。

③ 虫たちは、体の 形や はたらきを、何に 合うように かえて きたのですか。三つ 書《か》きましょう。

・（　　　　）。

・（　　　　）。

・（　　　　）。

2 ③さいごの 文「そのため、虫たちは……。」を よく 読もう。

10 まとめの テスト

月　日　もくひょう時間《じかん》15分《ふん》

名前《なまえ》

点《てん》

1 つぎの 文しょうを 読《よ》んで、下の もんだいに 答《こた》えましょう。　50点（一つ10）

七月の はじめごろ、ほたるの おすと めすは、光《ひか》りはじめます。ほたるの 光《ひかり》は、おすと めすの 間《あいだ》の しんごうです。おすは、おしりの 先を つよく よわく 光らせながら、木の はの 上で 光って いる めすを さがして とび回《まわ》ります。そして、めすを 見つけ、けっこんします。

　けっこんした ほたるの めすは、水べの こけに 小さな たまごを うみつけます。一ぴきの めすが うむ たまごの 数《かず》は、五百こから 千こにも 上《のぼ》ります。

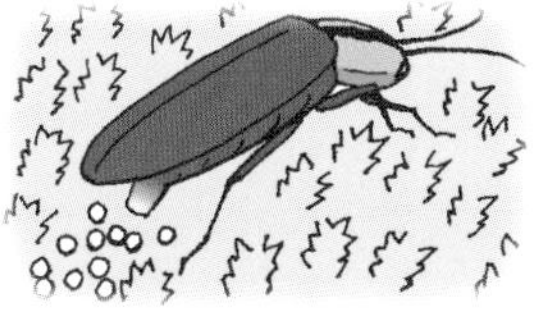

佐々木 崑「ほたるの 一生」
令和2年度版 学校図書「みんなと学ぶ 小学校 こくご 二年上」より

① なんの 虫に ついての せつ明《めい》ですか。

（　　　　）

② ほたるの 光は、おすと めすの 間の なんですか。

（　　　　）

③ ほたるは、どこに たまごを うみますか。○を つけましょう。

㋐（　）水の 中。

㋑（　）水べの こけ。

㋒（　）木の はの 上。

④ 一ぴきの めすは、どのくらいの 数の たまごを うみますか。

（　　　　）こから

（　　　　）こ。

2 つぎの 文しょうを 読《よ》んで、下の もんだいに 答《こた》えましょう。 50点

　土まゆを 作《つく》ってから やく五週間後《しゅうかんご》、ほたるの よう虫《ちゅう》は、ようやく さなぎに なります。はじめは 白っぽい さなぎのからだは、時間《じかん》が たつにつれて、だんだん 色《いろ》がこく なって いきます。

　さなぎに なってからやく 二週間後、ほたるは、いよいよ せい虫《ちゅう》に なります。せい虫に なったばかりの 羽《はね》はまだ やわらかく、色も うすい黄色《きいろ》です。そして、二、三日後、羽が かたく、黒《くろ》く なると、せい虫は 土まゆを こわし、地上《ちじょう》に 出て きます。

佐々木 崑「ほたるの 一生」
令和2年度版 学校図書「みんなと学ぶ 小学校 こくご 二年上」より

① 「ほたるの よう虫」が、どう なるまでの せつ明《めい》ですか。○を つけましょう。 20点

ア（　）せい虫に なって、地上に 出て くるまで。
イ（　）さなぎに なって、土まゆを こわすまで。
ウ（　）せい虫に なって、土まゆを 作るまで。

② 「ほたるの よう虫」は、せい虫に なる 前《まえ》に、何《なに》に なりますか。 15点

（　　　　）

③ せい虫が 地上に 出て くるのは、いつですか。 15点

せい虫に なって、（　　）日後。

まとめの テスト

「いつ どこで」を 読みとる ①

月 日 時《じ》 分《ふん》〜 時 分

名前《なまえ》

点《てん》

1 つぎの 文しょうを 読《よ》んで、下の もんだいに 答《こた》えましょう。 40点（一つ10）

土曜日《どようび》の 朝《あさ》、さとしは いつもより 早おきを した。じどう公園《こうえん》で こども会《かい》の うんどう会が あるのだ。

空は、きれいに はれて いた。
「きのう 作《つく》った てるてるぼうずの おかげね。」
と、お母《かあ》さんが 言《い》った。
公園に 行《い》く とき、さとしは、パンやの 前《まえ》で あきらに 会《あ》った。

① うんどう会が あるのは、何曜日《なんようび》ですか。

（　　　　）

② うんどう会は、どこで ありますか。

（　　　　）

③ てるてるぼうずは、いつ 作りましたか。お母さんの ことばから 書《か》きましょう。

（　　　　）

「」の 中から さがそう。

④ さとしは、どこで、あきらと 会いましたか。

（　　　　）。

おうちの方へ

まずは、物語の「中心となる人物」を押《お》さえましょう。そのうえで「中心となる人物」が、「いつ」「どこで」「何をして、どうなった」かも押さえることができれば、物語全体を読み取りやすくなります。

うおおお…！

2 つぎの 文しょうを 読《よ》んで、下の もんだいに 答《こた》えましょう。

60点（一つ15）

公園《こうえん》に ついた とき、
あきらが、
「かけっこでは、さとしには
ぜったい かつからな。」
と、じしん たっぷりに 言《い》った。
十時《じ》から かけっこが
はじまった。二人《ふたり》とも、
スタートラインに ならんだ。
ふえの 合図《あいず》で、みんな
いっせいに とびだした。
さとしは、むちゅうで
走《はし》った。ゴールの
すぐ 前《まえ》で、あきらが
ころぶのが 見えた。
さとしは、一ちゃくで
ゴールした。

① あきらが、さとしに「ぜったい かつ」と 言ったのは、いつですか。
○を つけましょう。
㋐（　）かけっこが はじまる とき。
㋑（　）公園に ついた とき。
㋒（　）ふえが なった とき。

② かけっこは、何時《なんじ》から はじまりましたか。
（　　　　）

③ あきらは、どこで、ころびましたか。
（　　　　）。

④ さとしは、何ちゃくで ゴールしましたか。
（　　　　）

2① 「～とき」と いう ことばで、「いつ」を あらわすよ。

「いつ　どこで」を読みとる　②

月　日　時《じ》　分《ふん》〜　時　分

名前《なまえ》　　点《てん》

1 つぎの　文しょうを　読《よ》んで、下の　もんだいに　答《こた》えましょう。　40点（一つ10）

夏《なつ》の　あつい　日です。ありたちは、せっせと　食《た》べものを　ありの　すに　はこんで　います。

きりぎりすは、草の　かげで　歌《うた》を　歌《うた》って　います。

「こんな　きせつは、歌って　すごすのが　いちばんさ。」

きりぎりすは、ありが　はたらくのを　見ながら、一日中《いちにちじゅう》　歌って　いました。

① いつの　きせつの　お話《はなし》ですか。
（　　　　）

② ありは、どこに　食べものを　はこびますか。
（　　　　）。

③ きりぎりすは、どこに　いますか。
（　　　　）。

日が　当《あ》たらない　ところだよ。

④ きりぎりすは、一日中、何《なに》を　して　いましたか。○を　つけましょう。

ア（　）食べものを　はこんで　いた。

イ（　）かげに　かくれて　いた。

ウ（　）歌を　歌って　いた。

おうちの方へ

「ありは一日中暑いところで働く」「きりぎりすは一日中涼《すず》しいところで歌う」のように、対照的な場面の様子を読み取ることができれば、「いつ」「どこで」「だれが」「どうする」をより明確に理解することができます。

2 つぎの 文しょうを 読《よ》んで、下の もんだいに 答《こた》えましょう。　60点（一つ15）

さむい 冬《ふゆ》が やって きました。ありたちは、夏《なつ》に あつめた 食《た》べものを 食べながら、すの 中で くらして います。

きりぎりすは、食べる ものが ありません。そこで、ありの すに 行《い》きました。ありは、きりぎりすに 「夏の 間《あいだ》、歌《うた》って いたのだから、冬は おどって いたら どうだい。」と 言《い》って、入《い》れて くれませんでした。

① いつの きせつの お話《はなし》ですか。

（　　　　）

② ありたちは、どこで くらして いますか。

（　　　　）。

冬でも さむくない ところだね。

③ きりぎりすは、どこに 行きましたか。

（　　　　）。

④ ありは、きりぎりすを どう しましたか。○を つけましょう。

ア（　）たすけて あげた。

イ（　）すに 入れて あげた。

ウ（　）すに 入れなかった。

①の お話から、②の お話に、きせつが うつりかわって いるね。

「いつ　どこで」を読みとる ③

月　日　時《じ》　分《ふん》～　時　分

名前《なまえ》

点《てん》

1 つぎの　文しょうを　読《よ》んで、下の　もんだいに　答《こた》えましょう。 50点

きつねと　おおかみが、くまの
からかい歌《うた》を　歌《うた》いながら
さんぽを　して　います。
ところが――。ちらり。おおか
みは、木の　かげに、その　くまが
たおれて　いるのを　見つけました。
（おい、どうした。）
おおかみは、くまに　かけよりか
けて、はっと　ふみとどまりました。
（おれは、やさしい　ことを
しない　おおかみだぞ。）
そうです。おおかみは
森一《もりいち》ばんの　らんぼうものと
きまって　いました。その
おおかみが、くまを　たすけたり
したら……。

内田　麟太郎「あしたも　友だち」
平成29年度版　東京書籍「新編　新しい国語　二上」より

① おおかみが、くまを　見つけた　のは、いつですか。 20点（一つ10）

・（　　　）と（　　　）を　して　いる　とき。

② くまは、どこに　たおれて　いましたか。 15点

（　　　　　　）。

③ おおかみが、――線《せん》のように　考《かんが》えるのは、なぜですか。○を　つけましょう。 15点

㋐（　）くまに　やさしく　しても、らんぼうされるから。

㋑（　）くまに　やさしく　したら、おおかみらしく　ないから。

ほんとうは、くまを　たすけたいのかな。

おうちの方へ

物語を正しく読み取るために、「だれが登場するのか（登場人物）」、「物語の中心はだれか（中心人物）」「どのような人物か（人物像）」を確認してください。とくに、「中心人物」の行動や気持ちの変化が物語に大きく関係します。

2 つぎの　文しょうを　読《よ》んで、下の　もんだいに　答《こた》えましょう。　50点（一つ10）

つぎの　日――。

きつねが、おおかみと　あそんで　いると、とつぜん、おおかみが　言《い》いました。

「バイバイ、今日《きょう》は　ここまで。おれ、ちょっと　ようが　ある。」

「バイバイって。まだ　ちょっとしか　あそんで　いないのに。」

何《なん》にも　知《し》らない　きつねは、ぽかあんと　なりました。

いたちが　やきもちを　やき、したうちを　するくらい、なかよく　あそんで　いたのですから……。

おおかみは、ないしょで　くまの　かんびょうに　通《かよ》って　いたのです。

内田　麟太郎「あしたも　友だち」平成29年度版　東京書籍「新編　新しい国語　二上」より

① いつの　日の　ことですか。

（　　　　）。

② 「バイバイ」は、だれが、だれに　言った　ことばですか。

・（　　　　）が（　　　　）に　言った　ことば。

③ おおかみは、どこに　行《い》くのですか。○を　つけましょう。

ア（　）くまの　ところ。

イ（　）おおかみの　家《いえ》。

ウ（　）いたちの　ところ。

④ おおかみは、何《なに》を　しに　行くのですか。

（　　　　）。

②④おおかみが、きつねに　ないしょで　して　いる　ことを　読みとろう。

14 どんな じんぶつかを 読みとる ①

月 日 時《じ》 分《ふん》〜 時 分

名前《なまえ》

点《てん》

1 つぎの 文しょうを 読《よ》んで、下の もんだいに 答《こた》えましょう。 60点

あみは、二年生。
その日、ピアノ教室《きょうしつ》の
レッスンが おわると、
あみは、走《はし》って
家《いえ》に 帰《かえ》った。

家では、かおりと まさきが、
あみの 帰りを まって いた。
二人《ふたり》は、あみの いとこたちだ。
「かおりちゃん、おまたせ！」
ひとつ 年上《としうえ》で、
ピアノも 歌《うた》も
上手《じょうず》な かおりと
早く あそびたくて、
あみは、家に
とびこんだ。

① あみは、何年生《なんねんせい》ですか。 10点

（　　　）

② あみは、何《なに》を ならって いますか。 15点

（　　　）

③ かおりと まさきは、あみの 何に あたりますか。〇を つけましょう。 15点

㋐（　）きょうだい
㋑（　）友《とも》だち
㋒（　）いとこ

④ かおりは、何が 上手ですか。二つ 書きましょう。 20点（一つ10）

（　　　）

（　　　）

おうちの方へ

めざせ！論理力の王様

登場人物の「人物像」を読み取るうえで、そのほかの人物との関係を理解することは重要です。場面ごとに登場する人物と、その会話や様子を整理して、人物像を確かめていきましょう。

うおおお…！

2 つぎの 文しょうを 読《よ》んで、下の もんだいに 答《こた》えましょう。

40点（一つ10）

「あみちゃんだ！」
まさきが、あみに
かけよって きた。
まさきは、かおりの 弟《おとうと》で、
虫が 大すきな 四才《さい》だ。

あみと かおりが、ピアノを
ひいて 歌《うた》って いると、
まさきが、かおりの ひざに
しがみついて きた。
あまえんぼうの まさきは、
あそんで ほしいのだ。
弟思《おも》いの かおりは、
まさきを ひざに のせて、
「とんぼの めがね」を 歌った。

① まさきは、かおりの 何《なに》に あたりますか。また、何才《なんさい》ですか。

・かおりの（　　　）。

・（　　）才

② まさきは、どんな 子ですか。□に 書《か》きましょう。

□

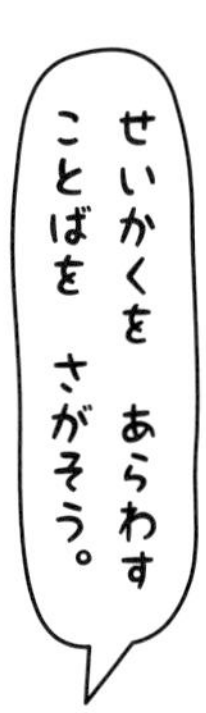
せいかくを あらわす ことばを さがそう。

③ かおりは、どんな 子ですか。○を つけましょう。

㋐（　）弟思いの 子。

㋑（　）いじわるな 子。

㋒（　）さわがしい 子。

2 ③「弟思い」とは、弟に やさしい、と いう せいかくの ことだよ。

きほんのドリル 物語《ものがたり》

15 どんな じんぶつかを 読みとる ②

月 日	時《じ》 分《ふん》〜 時 分
名前《なまえ》	点《てん》

1 つぎの 文しょうを 読《よ》んで、下の もんだいに 答《こた》えましょう。 50点

（おおかみは、きつねに ないしょで くまを かんびょうし、くまは、元気《げんき》に なりました。）

つぎの 日からは 元《もと》どおり、おおかみは、まい日《にち》 きつねと あそんで くれました。

ただ、とおくに くまを 見かけでも すると、あわてて 木の かげに かくれ、わざと こう 言《い》ったり しました。

「あいつは、けものの はじっさらしだ。きばが ある くせに、くりなんかを たべたがる。ああ、いやだ、いやだ。気が 知《し》れねえ。」

なんて。

だけど、きつねは ちゃんと わかって いました。おおかみは、くまを かんびょうした ことが 知れて、「やさしい やつ」なんて 言われたら、とっても はずかしいんだと。

内田 麟太郎「あしたも 友だち」 平成29年度版 東京書籍「新編 新しい国語 二上」より

① きつねと あそんで くれるのは、だれですか。 15点

（　　　）

② おおかみが、「木の かげに かくれ」るのは、くまに 見つかると、何《なに》が こまるからですか。○を つけましょう。 15点

㋐（　）くまが、にこにこ ちかづいて くる こと。

㋑（　）くまが、おこって、むかって くる こと。

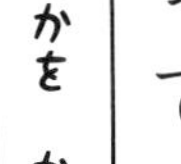

③ おおかみは、なんと 言われる ことが はずかしいのですか。 20点

「（　　　）」

おうちの方へ

めざせ！論理力の王様

人物像は行動描写《びょうしゃ》からも読み取ることができます。ここでは、発言とは違《ちが》って、実は「やさしい」おおかみが登場するので、おおかみが「どうしてそのような行動をとったのか」をお子さんに問いかけて、人物像を正しく捉《とら》えているか確認してください。

2 つぎの 文しょうを 読《よ》んで、下の もんだいに 答《こた》えましょう。

50点

おおかみが、くまの からかい歌《うた》を
歌《うた》いながら あるいて いきます。

くまは まったく
こまった やつだ
りっぱな きばが ありながら
くりやなんかを たべたがる
こまった くまった
くまった こまった

きつねは、後《うし》ろで くすりと
わらいました。
だって、おおかみは、おちて いる
くりを、ふまないように ふまない
ように あるいて いったからです。
「あしたも あそぼうね。
あしたも 友《とも》だちだよう。」
きつねは、おおかみに
さけびました。

内田 麟太郎「あしたも 友だち」
平成29年度版 東京書籍「新編 新しい国語 二上」より

① ───線《せん》の とき、きつねは、おおかみを どう 思《おも》って いたでしょう。〇を つけましょう。 20点

㋐（　）ほんとに やさしいんだな。
㋑（　）ほんとに らんぼうだな。
㋒（　）ほんとに いじわるだな。

② おおかみが、くりを ふまない ように あるくのは、なぜですか。 15点

・くりは、（　　　　）の たべものだから。

③ きつねと おおかみは、どんな かんけいですか。 15点

（　　　　）

さいごの「　」は、きつねが さけんだ ことばだね。ここから 読みとろう。

２ ②くりを だれかが ひろって たべる ことを、知《し》って いるからだね。

16 まとめの テスト

月　日　もくひょう時間《じかん》15分《ふん》

名前《なまえ》

点《てん》

1 つぎの 文しょうを 読《よ》んで、下の もんだいに 答《こた》えましょう。

かおるは、木の 下に います。

目を つぶって、かずを
かぞえて います。

「十六、十七、……十九、二十。

もう いいかい。」

「もう いいよ。」

「もう いいよ。」

「いいよ。」

あちこちから
へんじが 聞《き》こえました。

かおるは、ふりむきました。

さあ、みんな、どこに かくれたかな。

ぐるっと あたりを 見まわすと、
おや……きりかぶの うしろに
しっぽが 見えます。

「りす、みいつけた。」

竹下 文子「かくれんぼ」 平成26年度版 東京書籍「新しい国語 二上」より

50点

① かおるは、どこに いますか。 10点

（　　　　）。

② かおるは、何《なに》を して いますか。〇を つけましょう。 10点

ア（　）かくれんぼの おに。

イ（　）おにから かくれて いる。

ウ（　）かくれんぼを 見て いる。

③ あちこちから、何が 聞こえましたか。 15点

④ りすは、どこに かくれて いましたか。 15点

（　　　　）。

2 つぎの 文しょうを 読《よ》んで、下の もんだいに 答《こた》えましょう。 50点

（こんどは、りすが おにに なりました。）

かおるは、はしって いきます。のばらの やぶの かげに、いそいで もぐりこみます。

「あっ、いたいっ。」

のばらの とげが、足に ひっかかりました。ひざの ところから、すこし ちが 出て きました。かおるは、しゃがんで、ぎゅっと 口を とじて、なくのを がまんしました。

「どうしたの。けが したの。」

小さい 声《こえ》が しました。はっぱの 上で、うすみどりの ばったが こっちを 見て います。

竹下 文子「かくれんぼ」
平成26年度版 東京書籍「新しい国語 二上」より

① かおるは、どこに もぐりこみましたか。 15点

（　　　　）。

② 何《なに》が、足に ひっかかりましたか。 10点

（　　　　）。

③ かおるは、どんな せいかくですか。○を つけましょう。 10点

ア（　）なきむし
イ（　）いくじなし
ウ（　）がまんづよい

④ ――線《せん》は、だれの 声でしたか。 15点

（　　　　）の 声。

せつ明の　じゅんじょを　つかむ　①

月　日　時《じ》　分《ふん》～　時　分

名前《なまえ》

点《てん》

1 つぎの　文しょうを　読《よ》んで、下の　もんだいに　答《こた》えましょう。　40点（一つ10）

「ヤゴ」は、トンボの　よう虫《ちゅう》です。トンボに　なる　ときは、木の　えだに　つかまって、さいごの　かわを　ぬぎます。

まず、せなかが　われて、頭《あたま》と　むねと　あしが　出て　きます。じっと　して　いるのは、あしが　かたく　なるのを　まって　いるからです。

つぎに、あしで　かわに　つかまって、おなかを　ひきぬきます。

［　　］、ゆっくり　はねが　のびて　いくのを　まちます。

① ヤゴが、木の　えだに　つかまって、トンボに　なる　とき、はじめに、どう　なりますか。

・（　　　　）が　われて、（　　　　）が　出て　くる。

② あしが　かたく　なった　あと、どう　しますか。

（　　　　）を　ひきぬく。

③ ［　］に　合《あ》う　ことばに、○を　つけましょう。

ア（　）まず
イ（　）つまり
ウ（　）さいごに

じゅん番《ばん》に　気を　つけよう。

おうちの方へ

めざせ！論理力の王様

説明文では、文章をわかりやすくするために順序を表す言葉（「まず」「つぎに」「やがて」「さいごに」）がよく使われます。これらの言葉は段落の初めにくることが多いので、段落の初めの言葉に注目するようにご指導ください。

2 つぎの 文しょうを 読《よ》んで、下の もんだいに 答《こた》えましょう。

60点

あさがおの たねを うえました。この たねは、どのように 大きく なって いくのでしょうか。

まず、ねっこが 出て きます。

つぎに、めが 出て、二まいの はっぱが ひらきます。これを 「ふたば」と いいます。

そして、ふたばから 本葉《ほんば》が 出て きて、くきの 先《さき》が つるに なります。つるは、ぼうに まきついて、どんどん のびます。

やがて、はっぱの つけねに つぼみが つきます。

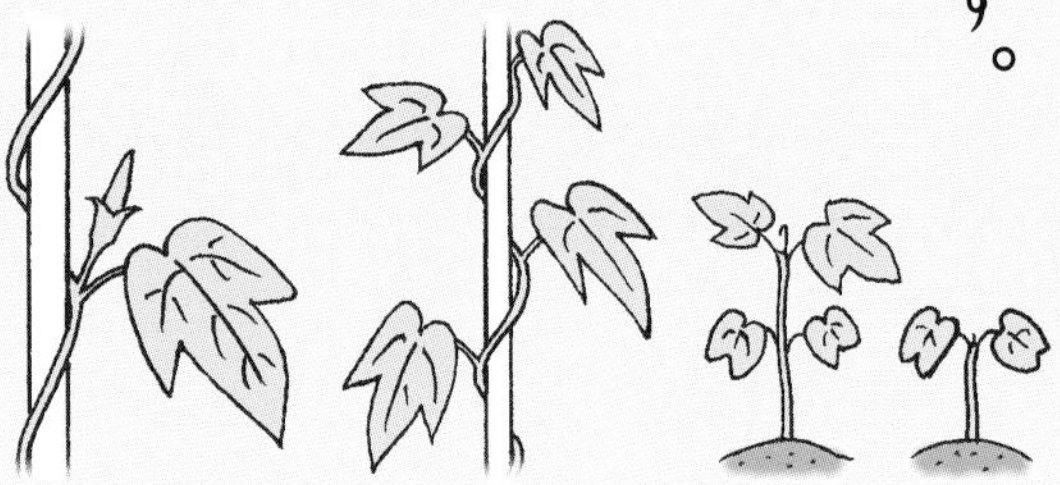

① たねから はじめに 出て くるのは、なんですか。 15点

（　　　　）

「まず」と いう ことばが あるよ。

② つぎに、何《なに》が 出て きますか。 15点

（　　　　）

③ ②の あとに 出て くる ものの じゅんに、1～4の 番《ばん》ごうを 書《か》きましょう。 ぜんぶできて15点

㋐（　）つぼみ
㋑（　）本葉
㋒（　）つる
㋓（　）ふたば

④ つぼみは、どこに つきますか。 15点

（　　　　）。

「まず」「つぎに」「さいごに」などは、せつ明《めい》の じゅんじょを しめす ことばだね。

18 せつ明の じゅんじょを つかむ ②

月　日　時《じ》　分《ふん》〜　時　分
名前《なまえ》
点《てん》

1 つぎの 文しょうを 読《よ》んで、下の もんだいに 答《こた》えましょう。 50点

あきかんポックリを 作《つく》ります。
ざいりょうは、あきかんが 二つと、じょうぶな ひもです。
まず、あきかんを きれいに あらいます。 ［1］
つぎに、くぎと かなづちで、かんの そこに 近《ちか》い ところに 二つ、あなを あけます。 ［2］
さいごに、あなに ひもを とおして、足が 入る 高《たか》さの ところで むすびます。 ［3］
もう 一つの かんも、同《おな》じように ひもを とおして むすんだら、できあがりです。

(1) はじめに、あきかんポックリの 何《なに》に ついて、書《か》いて いますか。○を つけましょう。 20点

㋐（　）あそび方《かた》
㋑（　）作り方
㋒（　）ざいりょう

あきかんと ひもは、なんだろう。

(2) つぎの ㋐・㋑・㋒の 絵《え》は、上の ［1］・［2］・［3］の どの せつ明《めい》に 合《あ》いますか。番《ばん》ごうを 書きましょう。 30点（一つ10）

㋐（　）　㋑（　）　㋒（　）

おうちの方へ

めざせ！論理力の王様

ものを作る手順を示す説明文はよく出題されます。なかでも、実際の作業を絵や図にした問題や手順の並べ替《か》え問題は多く出題されるので、「なにを」「どうする」という文型を意識しながら、正しく読めているかご確認ください。

2 つぎの 文しょうを 読《よ》んで、下の もんだいに 答《こた》えましょう。 50点

紙《かみ》ざらで、さか道《みち》を 下りる 人形《にんぎょう》を 作《つく》りましょう。

まず、紙ざらを 半分《はんぶん》に おります。それを ひらくと、まん中に おり目が つきます。

こんどは おり目を 合《あ》わせるように、また 半分に おります。

つぎに、二つおりに したまま、おり目の ところを 細長《ほそなが》い 三角《さんかく》に 切《き》りとります。

少《すこ》し 下を ひらいて、さか道を 歩《ある》かせて みましょう。左右《さゆう》に ゆれながら 歩いたら せいこうです。

顔《かお》と 手を つけて、しあげます。

① 何《なに》を する 人形の 作《つく》り方《かた》を、せつ明《めい》して いますか。 15点

（　　　　　　）人形。

② まず、紙ざらは、どのように おりますか。○を つけましょう。 15点

㋐（　）

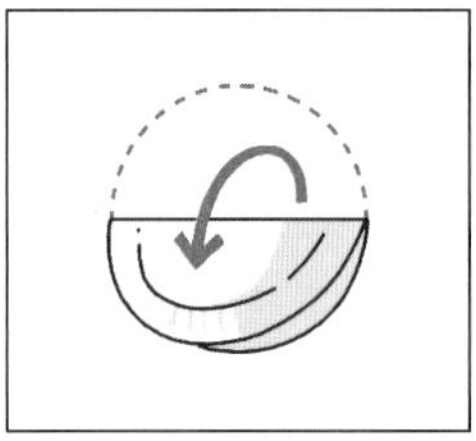

㋑（　）

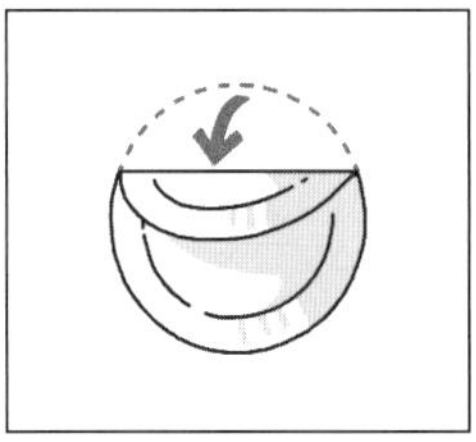

㋒（　）

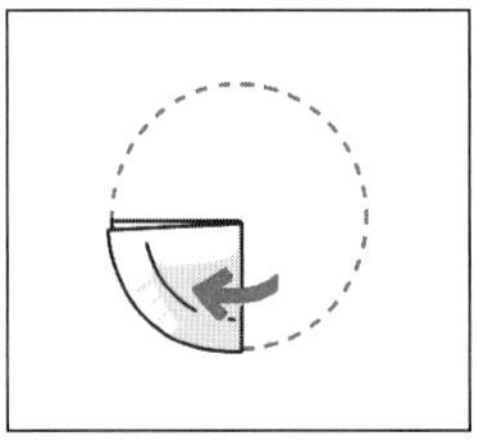

③ つぎに、どう しますか。じゅんに 番《ばん》ごうを 書きましょう。 ぜんぶできて20点

（　）顔と 手を つける。

（　）細長い 三角に 切りとる。

（　）紙ざらを ひらき、おり目を 合わせて、半分に おる。

2 ②「まず、」の あとに ちゅう目《もく》しよう。半分に おるんだね。

つなぐ ことばの はたらきを つかむ

月　日　時《じ》　分《ふん》〜　時　分

名前《なまえ》

点《てん》

1 つぎの 文しょうを 読《よ》んで、下の もんだいに 答《こた》えましょう。 40点

ミミズは、ゾウと くらべたら、うんちの りょうは 少《すく》ないと 思《おも》うでしょう。しかし、じつは、とても □ のです。

一日の うんちの りょうを くらべたら、ミミズより ゾウの ほうが、多《おお》いに きまって います。でも、体《からだ》の おもさと、うんちの りょうを くらべると、ミミズが 一日に する うんちは、自分《じぶん》の 体の おもさと 同《おな》じくらいに なるのです。

□、ミミズの うんちの りょうは 多いと いえるのです。

① □に 合《あ》う ことばに、○を つけましょう。 15点

㋐（　）多い
㋑（　）少ない

「しかし」が ある ことに ちゅういしてね。

② 体の おもさと、うんちの りょうを くらべると、ミミズが 一日に する うんちは、どの くらいに なりますか。 15点

（　　　　　　）と
同じくらいに なる。

③ □に 合う ことばに、○を つけましょう。 10点

㋐（　）だから
㋑（　）しかし
㋒（　）たとえば

おうちの方へ　　**めざせ！論理力の王様**

前を指して後につなぐ言葉が「接続語」です。そのため、後に続く文の先頭にくる接続語には、前の文とのつながりをはっきり見てとることができます。接続語の問題は、必ず前後の文の関係を押《お》さえるようにご指導ください。

2 つぎの　文しょうを　読《よ》んで、下の　もんだいに　答《こた》えましょう。　60点

　生まれたばかりの　赤ちゃんは、お母《かあ》さんの　おっぱいを　のみます。そして、どんどん　大きく　なります。おっぱいには、たくさんの　えいようが　入って　います。それから、びょう気を　ふせぐ　ものも　入って　います。

　おっぱいは、お母さんの　ちから　できて　います。ちは、赤い　色《いろ》を　して　います。［　　］、ちから　できた　おっぱいの　色は、白です。なぜでしょう。それは、おっぱいには、ちを　赤く　して　いる　赤血球《せっけっきゅう》が、入って　いないからです。

① おっぱいには、えいようの　ほかに、何《なに》が　入って　いますか。　15点

（　　　　）。

② おっぱいは、何から　できて　いますか。　15点

（　　　　）。

③ ［　　］に　合《あ》う　ことばに、○を　つけましょう。　15点

㋐（　）ところが　㋑（　）だから　㋒（　）それとも

④ ――線《せん》の　文は、何を　せつ明《めい》して　いますか。　二つできて15点

（　　　　）が（　　　　）りゆう。

2 ③前《まえ》の　ないようと、はんたいの　ないようを　つなぐ　ことばを、えらぼう。

さししめす ことばを とらえる

月 日 時《じ》 分《ふん》〜 時 分

名前《なまえ》

点《てん》

クジラは、魚《さかな》の なかまでは ありません。
魚は たまごを うみますが、クジラは 子どもを うみます。
また、魚には、水の 中で こきゅうする ための えらが ありますが、クジラには、それが ありません。だから、クジラは、水から 顔《かお》を 出して、はなで 空気《くうき》を すったり はいたり して います。
クジラが 水を ふきあげる ことを、「しおふき」と いいます。これは、クジラが すった 空気を はなから はきだして いるのです。

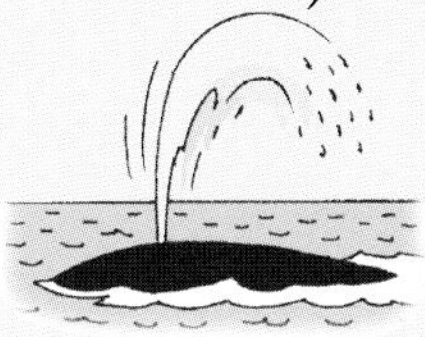

1 つぎの 文しょうを 読《よ》んで、下の もんだいに 答《こた》えましょう。 40点（一つ10）

① クジラは、たまごではなく、何《なに》を うみますか。

（　　　　）

クジラが、魚《さかな》では ない りゆうの 一つだよ。

② 「それ」とは、なんですか。

（　　　　）

③ クジラは、どのように こきゅうしますか。○を つけましょう。

㋐（　）水の 中で、えらを つかって こきゅうする。

㋑（　）水から 顔を 出して、はなで こきゅうする。

④ 「これ」とは、なんですか。

「（　　　　）」

おうちの方へ

同じ言葉を使うことを避《さ》けて、前の内容を後につなげる言葉が「指示語」です。そのため、指示語が指す内容は、それよりも前の文章（とくに直前）にあることが多いです。問題に答えるときは、注目する部分にも気をつけさせてください。

2 つぎの 文しょうを 読《よ》んで、下の もんだいに 答《こた》えましょう。 60点（一つ20）

犬が、しっぽを 高《たか》く 上《あ》げて さかんに ふって います。この うごきは、犬の うれしい 気もちを あらわして います。

かいぬしが 見知《みし》らぬ 人を つれて きた ときなどは、犬は、しっぽを 少《すこ》し 下《さ》げて、ゆっくり ふる ことが あります。これは、用心《ようじん》して いる ときの うごきです。もし、しっぽを 後《うし》ろ足《あし》の 間《あいだ》に 入《い》れて じっと して いたら、こわがって いるのです。

① 「この うごき」とは、しっぽを どう する うごきですか。

・（　　　　　　　　）うごき。

——線《せん》の 前《まえ》の ぶぶんを 読もう。

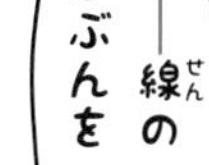

② 「これ」とは、しっぽを どう する ことですか。

・（　　　　　　　　）こと。

③ つぎの 絵《え》から わかる 犬の 気もちに、○を つけましょう。

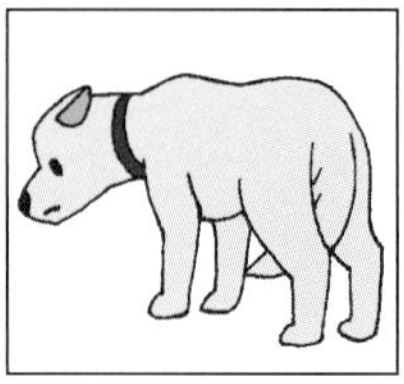

ア（　）用心して いる。
イ（　）こわがって いる。
ウ（　）よろこんで いる。

2 ②「これ」は、すぐ 前の、犬の しっぽの うごき方《かた》を さすよ。

21 まとめの テスト

月　日　もくひょう時間《じかん》15分《ふん》

名前《なまえ》　　点《てん》

1 つぎの 文しょうを 読《よ》んで、下の もんだいに 答《こた》えましょう。 50点

ありが、地面《じめん》に おちて いる
すみれの たねを 見つけました。
よく 見ると、たねには、白い
かたまりが ついて
います。
ありは、その たねを
自分の すの 中へ
はこんで いきます。
しばらくすると、ありは、
せっかく はこんだ たねを
すの 外《そと》に すてて います。
すてられた たねからは、
もともと ついて いた 白い
かたまりが、なくなって います。
どうやら、たねの 白い ところ
だけが ほしいようです。

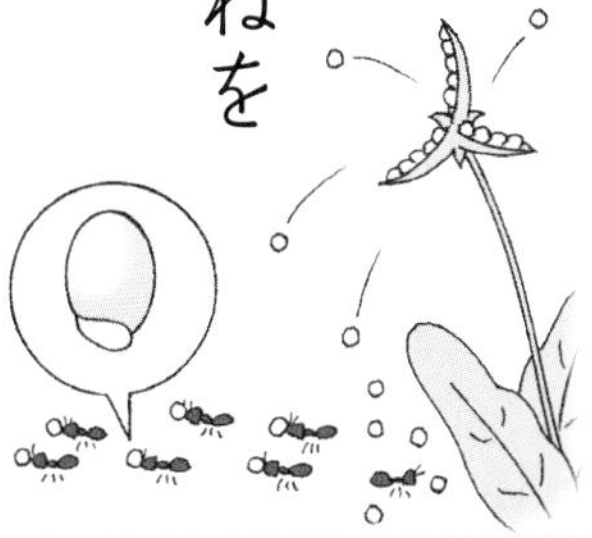

矢間 芳子「すみれと あり」〈福音館書店〉より
令和2年度版 教育出版「ひろがる ことば 小学国語 2上」より

① ありが 見つけた すみれの たねには、何《なに》が ついて いましたか。 15点

（　　　　　　）。

② ありは、たねを どこに はこびますか。 15点

じぶんの [　　　] 。

③ ありは、たねを はこんでから どう しますか。 20点（一つ10）

・たねから （　　　　　　）を とって、たねを （　　　　　　）。

2 つぎの 文しょうを 読《よ》んで、下の もんだいに 答《こた》えましょう。

50点（一つ10）

すみれは、なかまを ふやす ために、いろいろな ばしょに めを 出そうと します。しかし、自分では、たねを 近くの 地面《じめん》にしか、とばす ことが できません。そこで、すみれは、ありの すきな 白い かたまりを たねに つけて、いろいろな ばしょに はこんで もらうのです。

ありの すは、地面だけでなく、コンクリートの われ目や、高い 石がきにも あります。そのため、ありが はこんだ すみれの たねは、そのような ばしょでも めを 出し、花を さかせて いるのです。

矢間 芳子「すみれと あり」〈福音館書店〉より
令和2年度版 教育出版「ひろがる ことば 小学国語 2上」より

① すみれの 何《なに》を、せつ明《めい》して いますか。○を つけましょう。

㋐（　）花の さかせ方《かた》。
㋑（　）なかまの ふやし方。

② 「しかし」と、同《おな》じ はたらきの ことばに ○を つけましょう。

㋐（　）それとも　㋑（　）だから
㋒（　）たとえば　㋓（　）けれども

③ すみれは、だれに たねを はこんで もらいますか。

（　　）

④ 「そのような ばしょ」とは、どこですか。

・（　　）。
・（　　）。

22 ようすを読みとる ①

月　日　時《じ》　分《ふん》〜　時　分

名前《なまえ》　　点《てん》

1 つぎの文しょうを読《よ》んで、下のもんだいに答《こた》えましょう。　40点（一つ10）

さかをのぼると、海《うみ》が見えた。海には、まるくて小さなしまがうかんでいる。たけしは、そのしまに、行《い》ってみたいと思《おも》っていた。

しまには、古《ふる》い神社《じんじゃ》があって、おまいりする人のために、はしがかけられている。細《ほそ》くて赤いはしだ。今日《きょう》は、その神社で、めずらしいおまつりがある。たけしは、自《じ》てん車《しゃ》で行ってみようと思った。

① さかの上から見えるのは、どんなしまですか。

（　　　　）しま。

② しまにあるのは、どんな神社ですか。

［　　］神社。

③ しまにわたるはしは、どんなはしですか。

（　　　　）。

④ 神社では、どんなおまつりがありますか。○をつけましょう。

ア（　）古くからあるおまつり。

イ（　）にぎやかなおまつり。

ウ（　）めずらしいおまつり。

おうちの方へ　　**めざせ！論理力の王様**

「どんな〜ですか？」「どのように〜ですか？」の問いかけ文が出てきます。この問いかけ文は、「〜い」や「〜だ（〜な）」などで終わる「様子を表す言葉」を答えさせるものです。文章中に出てくる様子を表す言葉に注目しましょう。

2　つぎの文しょうを読《よ》んで、下のもんだいに答《こた》えましょう。　60点

しまに行《い》くには、おかをこえなければならない。たけしは、力いっぱいペダルをこいで、さかをのぼった。

はしのたもとで、たけしは自《じ》てん車《しゃ》をおりた。そして、自てん車をころがしながら、はしをわたりはじめた。

はしのまん中まで来《く》ると、ま下に海《うみ》が広《ひろ》がっていた。まるで海の上をとぶかもめのような気分《きぶん》だった。海風《うみかぜ》を体《からだ》いっぱいにうけながら、はしをわたり、しまについた。

① たけしは、どのように自てん車をこぎましたか。◯をつけましょう。　20点

㋐（　）力いっぱいこいだ。

㋑（　）ゆうゆうとこいだ。

㋒（　）のんびりこいだ。

② たけしは、はしを、どのようにわたりはじめましたか。　20点

・（　　　　）わたりはじめた。

③ はしのまん中で、たけしは、どのような気分でしたか。　20点

・まるで（　　　　）のような気分。

２③「まるで〜のような」という言《い》い方《かた》で、かんじたことをあらわしているよ。

23 ようすを読みとる ②

月　日　時《じ》　分《ふん》〜　時　分

名前《なまえ》

点《てん》

1 つぎの文しょうを読《よ》んで、下のもんだいに答《こた》えましょう。　50点

「林で、アマヤドリンを見たぞ。ナオもこい。」

ひげに、雨つぶを［　　］光《ひか》らせたおじいちゃんが、言《い》った。ぼくは、またおじいちゃんのデタラメかも、と思《おも》って、ぐずぐずしていた。

「ほんとにいたのか……。」
しとしととふる雨の中、こんもりした木の上で、丸《まる》くて黄色《きいろ》い鳥《とり》がはねていた。小さなお日さまみたいだった。
「鳥なのに、雨の日にしか出ない。ふしぎだろ。」

① ［　　］に合《あ》うことばに、○をつけましょう。　10点

㋐（　）ザーザー　㋑（　）キラキラ
㋒（　）ジャブジャブ

② ナオのようすがわかる、四字のことばを書《か》きましょう。　10点

［　　　　］

③ 「しとしと」が、あらわすようすに、○をつけましょう。　15点

㋐（　）雨が、しずかにふるようす。
㋑（　）雨が、はげしくふるようす。
㋒（　）雨が、ときどきふるようす。

④ 「お日さまみたい」は、鳥のどんなようすをあらわしますか。　15点

（　　　　　　）ようす。

おうちの方へ

様子を表す言葉には、「ぐずぐず」「しとしと」といった、状態をそれらしく言葉にしたものがあります。これらの言葉は、人物や場面の様子を効果的に表しているものが多いので、文章を読み取るときには注意しましょう。

2 つぎの文しょうを読《よ》んで、下のもんだいに答《こた》えましょう。 50点

「ナオ、もう一羽《わ》さがせ。アマヤドリンは、かならず二羽いっしょにいるんじゃ。」

ぼくが、こんもりした木から、しっぽのようにとび出た小えだを引《ひ》っぱると……えっ？

木が、もくっとうき上がった！

木だと思《おも》っていたものは、大きなみどり色《いろ》のアマヤドリンだった。

小さな黄色《きいろ》のアマヤドリンを、□のように頭《あたま》にのせ、ぐるぐる回《まわ》りながら、西《にし》の空へとびさった。

ぼくたちは、ぽかんと口をあけて、ぼうっと空を見あげていた。

① 小えだは、どのようにとび出ていましたか。 10点

（　　　　）とび出ていた。

② 「ぼく」が木だと思っていたものは、どのようにうき上がりましたか。 10点

（　　　　）とうき上がった。

③ □に合《あ》うことばに、○をつけましょう。 15点

ア（　）首《くび》かざり　イ（　）おめん

ウ（　）かんむり

④ ——線《せん》は、どんなようすをあらわしますか。○をつけましょう。 15点

ア（　）ねむいようす。

イ（　）おどろいているようす。

ウ（　）たいくつなようす。

② ④目の前《まえ》でおきていることが、しんじられないときのようすだね。

24 ようすを読みとる ③

月　日　時《じ》　分《ふん》〜　時　分

名前《なまえ》　　点《てん》

森の学校のせいとと、町の学校のせいとが、いっしょに音楽会《おんがくかい》をひらくことになりました。

ときは、つぎのつぎの土よう日で、ところは、町の大広場《おおひろば》にあたらしくできた音楽堂《おんがくどう》です。

さあ、森の学校のせいとたちは大さわぎ。なによりも町へいけるということが、うれしくてたまりません。

「町には、大きなノッポビルがある。天までとどきそうな。」

「地下鉄《ちかてつ》は、じめんの下を走《はし》るんだ。いけどもいけども、トンネルなんだ。」

森山 京「ドレミファドーナツふきならせ」〈もりやまみやこ童話選 1〉より

1 つぎの文しょうを読《よ》んで、下のもんだいに答《こた》えましょう。 40点

① 音楽会は、いつありますか。 10点

（　　　　）。

② 音楽会は、どんな音楽堂で行《おこな》われますか。 10点

・町の大広場に（　　　　）音楽堂。

③ 森の学校のせいとたちの、音楽会のことを知《し》ったときのようすに、○を二つ、つけましょう。 20点（一つ10）

ア（　）大さわぎした。

イ（　）心配《しんぱい》でたまらなかった。

ウ（　）うれしくてたまらなかった。

エ（　）おちついていた。

おうちの方へ

めざせ！論理力の王様

問いかけに対する答え方にも注意してください。「どんな声ですか？」と問われたら「～声」、「どんな人ですか？」と問われたら「～人」のように、答えの末尾を対応させる必要があります。正しく答えていないと減点されてしまいます。

2 つぎの文しょうを読《よ》んで、下のもんだいに答《こた》えましょう。

60点（一つ15）

せいとたちのよろこぶさまをながめながら、校長《こうちょう》のタヌキ先生が、心《しん》配《ぱい》そうな口ぶりでいいました。

「町の学校には、せいとだけのオーケストラがあるそうですよ。ざんねんながらこの森の学校には、古《ふる》ぼけたピアノが一台《だい》あるだけで、ほかに楽器《がっき》はありませんからな。」

「いえいえ、このたてぶえがありますよ。」

キツネ先生がチョッキのポケットから、あめ色《いろ》のたてぶえをとりだしていいました。

「しかし、ピアノとたてぶえでは、オーケストラにかないっこありませんな。」

カバ先生が、首《くび》をよこにふりながら、元気《げんき》のない声《こえ》でいいました。

森山　京「ドレミファドーナツ　ふきならせ」〈もりやまみやこ童話選　1〉より

① 校長のタヌキ先生は、どんな口ぶりで言《い》いましたか。

（　　　　）口ぶり。

② 森の学校には、どんな楽器しかないと、タヌキ先生は言っていますか。

（　　　　）。

③ キツネ先生は、どんなたてぶえをとりだしましたか。

（　　　　）のたてぶえ。

④ カバ先生は、どんな声で言いましたか。

（　　　　）。

2 ①「口ぶり」は、話《はな》し方《かた》のようすをあらわすよ。

気もちを読みとる ①

月　日　時《じ》　分《ふん》〜　時　分

名前《なまえ》　　点《てん》

1 つぎの文しょうを読《よ》んで、下のもんだいに答《こた》えましょう。　50点

ヒゲ先生だったら、すぐに、

「また、のどがはれたかい？」

と、言《い》ってくれました。

でも、今日《きょう》は、はじめてのわかい女の先生です。

カコは、きちんと答えられるかふあんで、□しました。

「ヒゲ先生、ほんとになくなったのね。」
帰《かえ》り道《みち》、お母《かあ》さんがさびしそうに言いました。カコは、ヒゲのおじいちゃん先生が大すきでした。もう会《あ》えないと思《おも》うと、かなしくなりました。

① カコは、どんな気もちですか。三字で書《か》きましょう。　10点

□□□

② □に合《あ》うことばに、○をつけましょう。　10点

㋐（　）どきどき　㋑（　）わくわく
㋒（　）うきうき　㋓（　）だらだら

③ お母さんのようすから、どんな気もちがわかりますか。　15点

（　　　　）気もち。

④ カコは、どんな気もちになりましたか。　15点

（　　　　）気もち。

「気もち」につながるように、ことばの形《かたち》をかえよう。

おうちの方へ

めざせ！論理力の王様

中心人物の「気持ちの変化」は、物語の主題に結びついていることが多く、とても重要です。主題をつかむためにも、まずは中心人物がだれかを考え、その人物の「気持ちの変化」に注目するようにご指導ください。

２ つぎの文しょうを読《よ》んで、下のもんだいに答《こた》えましょう。 50点

さくら先生が出してくれたつぶのくすりを、カコはのめなかったので、つぎの日、カコは一人《ひとり》で、さくら先生のところへ行《い》きました。

「お母《かあ》さんから、電話《でんわ》でたのまれましたよ。シロップにしますね。」

カコは、[　　]しました。

さくら先生は、なくなったヒゲ先生のまごでした。

「わたしも、ヒゲ先生、大すきだったのよ。」

カコは、うれしくなりました。

「二百才《さい》くらいまで元気《げんき》だったら、ヒゲもかなりのびたでしょうね。」

二百才のヒゲ先生を思《おも》いうかべて、カコはくすっとわらいました。

① [　　]に合《あ》うことばに、○をつけましょう。 10点

㋐（　）むっと　㋑（　）ほっと

② さくら先生は、ヒゲ先生をどう思っていましたか。 10点

（　　　　）

③ ――線《せん》のことばを聞《き》いて、カコは、どんな気もちになりましたか。 15点

（　　　　）気もち。

④ カコが、くすっとわらったとき、どんな気もちだったでしょう。○をつけましょう。 15点

㋐（　）とてもつらい気もち。

㋑（　）すこしゆかいな気もち。

㋒（　）とてもかなしい気もち。

２ ④ヒゲ先生がなくなったかなしみが、すこしまぎれたんだね。

26 気もちを読みとる ②

月　日　時《じ》　分《ふん》～　時　分

名前《なまえ》

点《てん》

1 つぎの文しょうを読《よ》んで、下のもんだいに答《こた》えましょう。　40点

公園《こうえん》の入《い》り口《ぐち》に、まさやのすがたが見えた。こうたは、元《げん》気《き》よく手をふって、さけんだ。

「おおい、こっちだよ！」

ところが、まさやは、とぼとぼとやってくると、しょんぼりした顔《かお》で言《い》った。

「こうたくん、ぼく、来週《らいしゅう》、てん校するんだ。」

「え、てん校しちゃうの？」

こうたは、思《おも》わず、もっていたボールをおとしてしまった。

① こうたのようすから、どんな気もちがわかりますか。○をつけましょう。　10点

ア（　）いらいらする気もち。

イ（　）うきうきする気もち。

ウ（　）はらはらする気もち。

② まさやのようすから、どんな気もちが、わかりますか。　10点

ア（　）てん校したくない気もち。

イ（　）てん校をよろこぶ気もち。

ウ（　）てん校にあせる気もち。

③ こうたが「ボールをおとしてしまった」のは、どうしてですか。考《かん》えて書《か》きましょう。　20点

（　　　　　　　　）

てん校すると知《し》って、どう思《おも》ったのかな。

おうちの方へ

物語のなかで、人物の気持ちがどのように変化したのか、変化したきっかけは何だったのかを押《お》さえましょう。ここでは、「友だちの転校を知ったこと」をきっかけにして、人物の気持ちが変化します。

2 つぎの文しょうを読《よ》んで、下のもんだいに答《こた》えましょう。

60点（一つ20）

「よし、じゃあ、こんどの日曜日《にちようび》、まさやくんをよんで、みんなでバーベキュー大会《たいかい》をやろう。」

まさやのてん校を知《し》ったお父《とう》さんが、こうたのかたをたたいて、□声《こえ》で言《い》った。

「りさちゃんやよしくんにも、声をかけてみましょうね。」

お母《かあ》さんも、にっこりわらった。

こうたは、ようやく顔《かお》をあげて、

「うん。」と答えた。

（まさやだって、かなしいんだ。）

こうたは、ふあんそうにしていたまさやを、はげまそうと思《おも》った。

① □に合《あ》うことばに、○をつけましょう。

㋐（　）くらい　㋑（　）明《あか》るい

㋒（　）きびしい

② こうたのお父さんやお母さんのようすから、どんな気もちがわかりますか。○をつけましょう。

㋐（　）こうたたちと、ごちそうを食《た》べたい気もち。

㋑（　）こうたたちを、おいわいしたい気もち。

㋒（　）こうたたちを、元気《げんき》づけたい気もち。

③ こうたは、どう思いましたか。

・まさやを（　　　　）と思った。

❷①「お母さんも、にっこりわらった。」から、お父さんのようすを読みとろう。

27 まとめのテスト

月　　日　もくひょう時間《じかん》15分《ふん》

名前《なまえ》

点《てん》

1 つぎの文しょうを読《よ》んで、下のもんだいに答《こた》えましょう。

（スーホは、とのさまの家来《けらい》になぐられて、だいじにそだてた白馬《しろうま》をとられてしまいました。）

とのさまは、白馬をとりあげると、けらいたちをひきつれ、おおいばりで帰《かえ》っていきました。

スーホは、友《とも》だちに助《たす》けられて、やっとうちまで帰りました。

スーホのからだは、きずや、あざだらけでした。おばあさんが、つきっきりでてあてをしてくれました。おかげで、なん日かたつと、きずもやっとなおってきました。それでも、白馬をとられたかなしみは、どうしても、きえませんでした。白馬はどうしているだろうと、スーホはそればかり考《かんが》えていました。

大塚　勇三　再話「スーホの白い馬」〈福音館書店〉より

50点

① 白馬をとりあげたとのさまは、どんなようすでしたか。　10点

② スーホのからだは、どんなようすでしたか。　10点

（　　　　）だらけだった。

③ スーホは、きずがなおっても、どんな気もちがきえなかったのですか。　15点

（　　　　）。

④ ――線《せん》のように考えるスーホの気もちに、○をつけましょう。　15点

㋐（　）白馬をあきらめる気もち。

㋑（　）白馬にのりたい気もち。

㋒（　）白馬を心配《しんぱい》する気もち。

2 つぎの文しょうを読《よ》んで、下のもんだいに答《こた》えましょう。 50点

（スーホからとりあげた白馬《しろうま》に、とのさまがまたがりました。）

①そのときです。白馬は、おそろしいいきおいではねあがりました。とのさまは地面《じめん》に、ころげおちました。白馬はとのさまの手から、たづなをふりはなすと、さわぎたてるみんなのあいだをぬけて、風《かぜ》のようにかけだしました。

とのさまは、起《お》きあがろうともがきながら、②大《おお》声《ごえ》でどなりちらしました。

「早く、あいつをつかまえろ！　つかまらないなら、ゆみでいころしてしまえ！」

けらいたちは、ゆみをひきしぼり、いっせいに、やをはなちました。

大塚　勇三　再話「スーホの白い馬」〈福音館書店〉より

① 「①そのとき」の白馬のようすを、じゅんに書《か》きましょう。 30点（一つ10）

・（　　　　）ではねあがった。

↓

・とのさまの手から、たづなを（　　　　）した。

↓

・（　　　　）かけだした。

② ②線《せん》のときの、とのさまの気もちに○をつけましょう。 20点

㋐（　）とてもおこっている。

㋑（　）とてもこわがっている。

㋒（　）とてもかなしんでいる。

だいじなところを読みとる　①

月　日　時《じ》　分《ふん》〜　時　分

名前《なまえ》

点《てん》

1 つぎの文しょうを読《よ》んで、下のもんだいに答《こた》えましょう。　60点（一つ20）

森にすむシマリスは、秋《あき》になると、どんぐりをあつめて、すにたくわえます。雪《ゆき》がふると、食《た》べものをさがせなくなるので、冬《ふゆ》にそなえて、秋のうちにじゅんびしておくのです。

シマリスのほっぺたは、やわらかいふくろのようになっています。これを、「ほおぶくろ」といいます。

シマリスは、ひろったどんぐりを左右《さゆう》の「ほおぶくろ」にいくつか入《い》れ、すに帰《かえ》って、どんぐりをはきだすのです。

① シマリスが、冬にそなえてすることは、なんですか。

・（　　　　　　）、すにたくわえること。

雪がふると、食べものをさがせなくなるんだね。

② □は、なんのせつ明《めい》ですか。

シマリスの（　　　　　　）。

③ シマリスは、ひろったどんぐりを、どうやってはこぶのですか。

（　　　　　　）はこぶ。

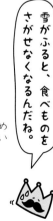

おうちの方へ

めざせ！論理力の王様

説明文では、筆者がどのように文章を構成しているのかを考えます。そのためにも、「話の切れ目」に注目しましょう。ポイントとしては、「しかし（話の流れの転換《てんかん》）」や「たとえば（話の具体例）」といった言葉を見逃《みのが》さないようにしましょう。

2 つぎの文しょうを読《よ》んで、下のもんだいに答《こた》えましょう。

[1] シマリスは、ひろったどんぐりの半分《はんぶん》くらいを、あちこちのおちばの下にかくしておきます。これは、あとで食《た》べるためです。

[2] しかし、シマリスにわすれられてしまうどんぐりもあります。そんなどんぐりが、春《はる》になると　めを出し、やがて、どんぐりの実《み》をつける木にせいちょうします。

[3] どんぐりは、地《じ》めんにおちたままだと、水分《すいぶん》が足《た》りなくて　めが出せません。リスたちにおちばの下にうめてもらって、はじめて、めを出すことができるのです。

40点

① シマリスは、どこにどんぐりをかくしますか。 10点

（　　　　　　）。

② 春にめを出すのは、どんなどんぐりですか。○をつけましょう。 15点

ア（　）シマリスが、土にうえたどんぐり。

イ（　）シマリスが、かくしたまま わすれてしまったどんぐり。

ウ（　）シマリスが、かじってすてたどんぐり。

③ どんぐりが、リスたちのおかげで、めを出せることが書《か》かれているのは、[1]〜[3]のまとまりのうちのどれですか。番《ばん》ごうを書きましょう。 15点

□

２② 「そんなどんぐり」の前《まえ》に書いてあることにちゅう目《もく》しよう。

だいじなところを読みとる　②

月　日　時《じ》　分《ふん》～　時　分

名前《なまえ》

点《てん》

1 つぎの文しょうを読《よ》んで、下のもんだいに答《こた》えましょう。　45点（一つ15）

空《から》のペットボトルやアルミかんなどは、ほかのごみと分《わ》けて出します。それは、しげんとして、またつかえるようにするためです。

紙《かみ》は、木から作《つく》られます。わたしたちが紙をむだづかいすると、新《あたら》しい紙を作るために森の木を切《き》るので、森の木がへってしまいます。

でも、紙をすてずに、しげんごみとして出せば、その紙はべつの紙に生まれかわります。その分《ぶん》、木を切らなくてすみます。

① 空のペットボトルやアルミかんなどを、ほかのごみと分けて出すのは、なんのためですか。

・しげんとして、

（　　　　　　　　）

ため。

② 紙をむだづかいすると、どうなるのですか。○をつけましょう。

㋐（　）ごみが、なくなる。

㋑（　）新しい紙が、よく売《う》れる。

㋒（　）森の木が、へってしまう。

③ 森の木をまもるためには、どうすればよいですか。

・紙をすてずに、

（　　　　　　　　）。

おうちの方へ

めざせ！論理力の王様

「筆者の言いたいこと（主張）」は、最終段落に書かれていることが多いです。また、その主張を説明・補足するためにそれまでの文章が構成されています。文章の構成を理解し、「筆者の主張」を読み取りましょう。

うおおお…!

2 つぎの文しょうを読《よ》んで、下のもんだいに答《こた》えましょう。 55点

1 お店《みせ》で買《か》って、中みを出したあとの、はこやふくろ。また、古《ふる》くなったふく、読みおわった新聞《しんぶん》やざっしなど、いらなくなるものは、たくさんあります。

2 これらを、ただすててしまうと、ごみになります。同《おな》じざいりょうごとにきちんと分《わ》けて出すと、またつかえるしげんになります。

3 ちきゅうのしげんは、つかいすてにすると、いつかなくなります。今《いま》あるしげんを、つかいつづけていくためにも、ごみを分けて出すことが大切《たいせつ》です。

① 1のまとまりでは、何《なに》について書《か》いていますか。〇をつけましょう。 15点

ア（　）いらなくなるもの。

イ（　）自分《じぶん》の大切なもの。

ウ（　）お店で買うもの。

② ごみになるものを、またつかえるしげんにするには、どうすればいいのですか。 20点

・同じざいりょうごとに（　　　　）。

③ 今あるしげんを、つかいつづけていくためには、どうすることが大切だと書いていますか。 20点

（　　　　）

「〜こと。」という形《かたち》で答えてね。

だいじなところを読みとる ③

月　日　時《じ》　分《ふん》〜　時　分

名前《なまえ》

点《てん》

1 つぎの文しょうを読《よ》んで、下のもんだいに答《こた》えましょう。

（おにごっこには、さまざまなあそび方《かた》があります。）

あそび方の一つに、「てつぼうよりむこうに にげてはだめ。」など、にげてはいけないところを きめるものがあります。にげる人が、どこへでも行《い》くことができたら、おには、つかまえるのがたいへんです。同《おな》じ人が、ずっと、おにをすることになるかもしれません。にげてはいけないところをきめることで、おには、にげる人をつかまえやすくなります。

森下 はるみ「おにごっこ」
令和2年度版 光村図書「こくご 二下 赤とんぼ」より

① おにごっこのあそび方のうち、何《なに》をきめるあそび方をせつ明《めい》していますか。　15点

（　　　　　　）。

② にげる人が、どこへでも行けたら、おにはどうなりますか。　20点

（　　　　　　）になる。

③ にげてはいけないところをきめると、どうなると書《か》いてありますか。○をつけましょう。　15点

ア（　）おにがたいへんになる。

イ（　）おにになる人が、ふえる。

ウ（　）おには、にげる人をつかまえやすくなる。

50点

おうちの方へ

説明文の典型的な文章構成として、「初め」「中」「終わり」があります。「初め」は話題の提示、「中」は具体的な事例、「終わり」はまとめです。「中」では、段落初めの言葉に注意しながら、挙げられている事例を整理しましょう。

2 つぎの文しょうを読《よ》んで、下のもんだいに答《こた》えましょう。

50点

また、「じめんにかいた丸《まる》の中にいれば、つかまらない。」「木にさわっていれば、つかまらない。」のように、にげる人だけが入れるところを作《つく》ったり、つかまらないときをきめたりするあそび方《かた》もあります。おにになった人の足がはやければ、にげる人はみんな、すぐにつかまってしまいます。このようにきめることで、にげる人がかんたんにはつかまらないようになります。そして、つかれた人も、走《はし》るのがにがてな人も、すぐにはつかまらずに、あそぶことができます。

森下　はるみ「おにごっこ」
令和2年度版　光村図書「こくご　二下　赤とんぼ」より

① 「つかまらないとき」のあそび方に、○をつけましょう。 20点

ア（　）じめんにかいた丸の外《そと》にいるとき。

イ（　）木にさわっているとき。

ウ（　）高《たか》いところにいるとき。

② おにになった人の足がはやければ、どうなってしまいますか。 15点

・にげる人はみんな、

（　　　　）。

③ このあそび方では、どのような人もすぐにはつかまらなくなりますか。 15点

・つかれた人。

・（　　　　）

2 ①丸の外ではなくて、「丸の中」にいないとだめなんだよ。

だいじなところを読みとる　④

月　日　時《じ》　分《ふん》～　時　分
名前《なまえ》
点《てん》

ほかに、「おにが交代《こうたい》せずに、つかまった人が、みんなおにになっておいかける。」というあそび方《かた》もあります。このあそび方だと、おにの数《かず》がふえていくので、おには、にげる人をつかまえやすくなります。また、にげる人は、おにがひとりのときより、にげるところをくふうしたり、じょうずに走《はし》ったりしなければなりません。「つかまりそうだ。」と、どきどきすることもふえて、おにごっこが、もっとおもしろくなります。ところが、このあそび方は、どきどきして楽《たの》しいけれど、おにごっこがすぐにおわってしまいます。

森下　はるみ「おにごっこ」
令和2年度版　光村図書「こくご　二下　赤とんぼ」より

1 つぎの文しょうを読《よ》んで、下のもんだいに答《こた》えましょう。　40点

① おにごっこの、どのようなあそび方をせつ明《めい》していますか。　10点

・つかまった人が、みんな

（　　　　）

というあそび方。

② おにがふえると、にげる人はどのようにしなければなりませんか。

○を二つ、つけましょう。　20点(一つ10)

㋐（　）にげるところをくふうする。

㋑（　）じょうずに走る。

㋒（　）走らないで、じっとする。

③ このあそび方のよくないところは、なんですか。　10点

・楽しいけれど、すぐに

（　　　　）。

おうちの方へ

めざせ！論理力の王様

この説明文は、お子さんにとっても身近な遊びについて書かれているので、自身の経験と結びつけながら読むようにしましょう。また、筆者が伝えたいことについて、「自分はどう思うか」を考えましょう。

2 つぎの文しょうを読《よ》んで、下のもんだいに答《こた》えましょう。

60点

このように、おにごっこには、さまざまなあそび方《かた》があります。おにになった人も、にげる人も、みんなが楽《たの》しめるように、くふうされてきたのです。あそぶところやなかまのことを考《かんが》えてきまりを作《つく》れば、自分《じぶん》たちに合《あ》ったおにごっこにすることもできます。そのときには、みんなできまりをきめて、それをまもるようにします。あそびおわったときに、だれもが「楽しかった。」と思《おも》えるようなおにごっこができるといいですね。

森下 はるみ「おにごっこ」
令和2年度版 光村図書「こくご 二下 赤とんぼ」より

① おにごっこに、さまざまなあそび方があるのは、どうしてですか。 20点（一つ10）

・みんなが（　　　　）ように、（　　　　）されてきたから。

② きまりを作るときに考えることはなんですか。二つ書《か》きましょう。 20点（一つ10）

（　　　　）（　　　　）

③ どんなおにごっこが、できるといいと書かれていますか。 20点

・あそびおわったときに、

（　　　　　　　　）ようなおにごっこ。

② ①おにになった人とにげる人の、りょうほうのためにくふうされているんだね。

月　　日　もくひょう時間《じかん》15分《ふん》

名前《なまえ》

点《てん》

1 つぎの文しょうを読《よ》んで、下のもんだいに答《こた》えましょう。

60点（一つ15）

オオオナモミは、人や犬などのどうぶつに、たねをはこんでもらいます。

　たねが入っているみは、たくさんのとげでおおわれています。どうぶつが近《ちか》くを通《とお》ると、みは、ふくやけにひっかかって、くっつきます。とげの先《さき》がまがっているので、いちどくっつくと、かんたんにははずれません。それで、いろいろなところへ、はこんでもらうことができるのです。

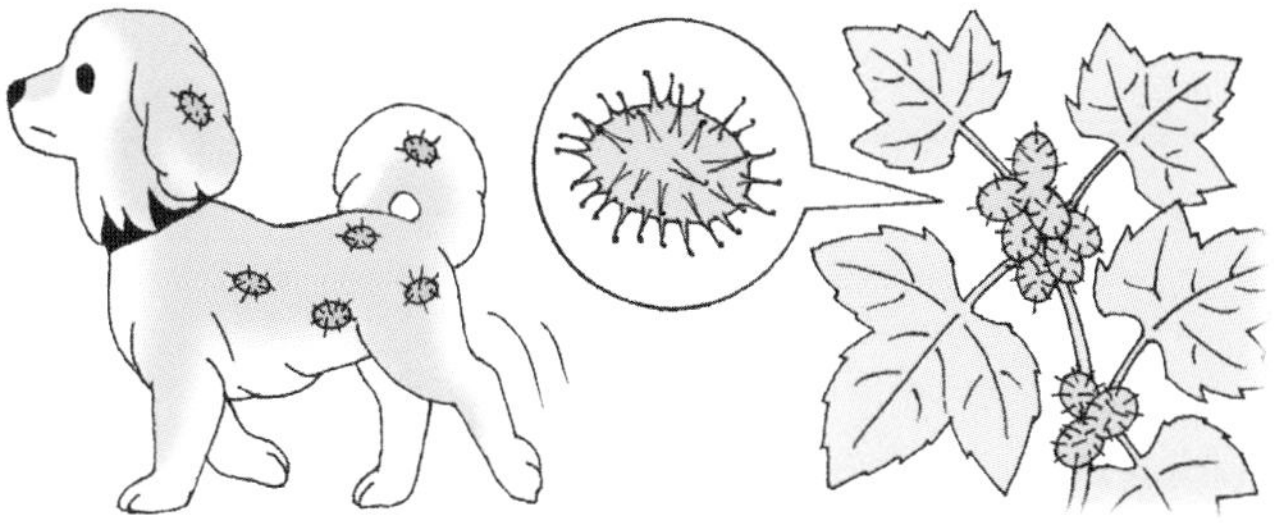

中西　弘樹「たねのたび」平成29年度版　三省堂「小学生のこくご　二年」より

① オオオナモミは、何《なに》に、たねをはこんでもらいますか。

（　　　　　　　　）

② オオオナモミのたねが入っているみは、何でおおわれていますか。

（　　　　　　　　）

③ オオオナモミのみは、どうぶつが近くを通ると、どうなりますか。

（　　　　　　　　）

④ みが、いちどくっつくと、かんたんにははずれないのは、なぜですか。

（　　　　　　　　）から。

2 つぎの文しょうを読《よ》んで、下のもんだいに答《こた》えましょう。

40点（一つ10）

タンポポは、かぜに、たねをはこんでもらいます。

たねが入っているみは、とても小さくてかるく、パラシュートのようなわたげがついています。みは、わたげを広《ひろ》げてかぜにのり、ふわふわと、遠《とお》くまでとんでいくことができます。

でも、かぜにうまくのれなければ、たねをはこんでもらうことはできません。そこで、タンポポは、たねがじゅくすころになると、くきを長《なが》くのばし、先《さき》についたみをたかくもち上げます。たかいところのほうが、かぜがよく当《あ》たるからです。

中西　弘樹「たねのたび」平成29年度版　三省堂「小学生のこくご　二年」より

① タンポポは、何《なに》に、たねをはこんでもらいますか。

（　　　　）

② タンポポのたねが入っているみは、どうやってかぜにのりますか。

・みについている（　　　　）のような（　　　　）を広げる。

③ タンポポが、くきをのばしてみをたかくもち上げるのは、なぜですか。○をつけましょう。

㋐（　）人に気づかれるから。
㋑（　）日がよく当たるから。
㋒（　）かぜがよく当たるから。

ようすや気もちを読みとる ①

月　日　時《じ》　分《ふん》〜　時　分

名前《なまえ》

点《てん》

雨の日

かわい ゆき

雨が　サアサア　ふっている。
家《いえ》も　にわも
しっとり　ぬれている。
わたしの心《こころ》も　ぬれている。
ひんやりしんみりしている。
雨を　見ながら
きのうのけんかを　思《おも》い出す。
友《とも》だちも　雨を見てるかな。
雨があがったら、
あやまりに行《い》こうかな。
雨の　むこうに、
さびしげな友だちの顔《かお》が見える。

1 つぎの詩《し》を読《よ》んで、下のもんだいに答《こた》えましょう。 50点

① 家やにわは、どんなようすですか。詩の中の一行《ぎょう》を書《か》きましょう。 15点

（　　　　）

② 「わたし」は、どんな気もちでいるでしょう。◯をつけましょう。 10点

㋐（　）とてもうれしい気もち。
㋑（　）ちょっとかなしい気もち。
㋒（　）とてもくやしい気もち。

③ 「わたし」は、雨を見ながら、何《なに》を思い出していますか。 10点

（　　　　）

④ 雨があがったら、どうすることを考《かんが》えていますか。 15点

（　　　　）

おうちの方へ

詩は必ず音読するようにご指導ください。声に出すことで、詩に書かれている言葉の意味や良さを理解しやすくなり、また、繰《く》り返し使われている言葉や、言葉のリズムにも気づくことができるようになります。

2 つぎの詩《し》を読《よ》んで、下のもんだいに答《こた》えましょう。 50点

なんの音

しまだ　みゆき

クスクス　ゲラゲラ
――これ、なあんだ？
――楽《たの》しそうだね、わらい声《ごえ》
チュルチュル　ズーズー
――これ、なあんだ？
――おいしい□、食《た》べる音
コンコン　クシャン
――これ、なあんだ？
――かぜかしら、せきとくしゃみ
スヤスヤ　グーグー
――ねむったの？
なぞなぞあそびは　またあした

① ～～線《せん》は、どんなわらい声ですか。――でつなぎましょう。 10点

クスクス・　　・大きなわらい声
ゲラゲラ・　　・小さなわらい声

② 三回《かい》くりかえされている同《おな》じことばを書《か》きましょう。 10点

（　　　　）

③ □に合《あ》うことばに、○をつけましょう。 15点

㋐（　）ごはん　㋑（　）おそば
㋒（　）ハンバーグ

④ この詩からつたわってくる気もちに、○をつけましょう。 15点

㋐（　）楽しくてやさしい気もち。
㋑（　）いじわるでつめたい気もち。
㋒（　）つまらなくていやな気もち。

② ふとんの中で、なぞなぞあそびをしているようすを、思《おも》いうかべよう。

ようすや気もちを読みとる　②

月　日　時《じ》　分《ふん》〜　時　分
名前《なまえ》
点《てん》

1 つぎの詩《し》を読《よ》んで、下のもんだいに答《こた》えましょう。

40点（一つ10）

おおきくなあれ

さかた　ひろお

あめの　つぶつぶ
ブドウに　はいれ
ぷるん　ぷるん　ちゅるん
ぷるん　ぷるん　ちゅるん
おもくなれ
あまくなれ

あめの　つぶつぶ
リンゴに　はいれ
ぷるん　ぷるん　ちゅるん
ぷるん　ぷるん　ちゅるん
おもくなれ
あかくなれ

阪田　寛夫「おおきくなあれ」
平成29年度版　光村図書「こくご　二上　たんぽぽ」より

① 雨のつぶに、どんなおねがいをしていますか。一行《ぎょう》ずつ、二かしょに——を引《ひ》きましょう。

② 雨のつぶがくだものに入るようすを、どんなことばであらわしていますか。詩の中の一行で書《か》きましょう。

（　　　　　　　　）

③ この詩から、どんな気もちがつたわりますか。○をつけましょう。

㋐（　）くだものに当《あ》たる雨の音におどろく気もち。
㋑（　）くだものに、大きくおいしくなってほしい気もち。
㋒（　）くだものが雨にぬれるのを心配《しんぱい》する気もち。

おうちの方へ

音読時には、お子さんの「姿勢」や「声の大きさ」、「速さ」、「間の取り方」、「口のかたち」にも注意してあげてください。初めはおうちの方がお手本として読み聞かせ、その後にお子さん一人で読んでもらうことが効果的です。

2 つぎの詩《し》を読《よ》んで、下のもんだいに答《こた》えましょう。

ヤダ君《くん》

おの ルミ

ヤダ君 やだやだ いやだ やだ
べんきょう おつかい はやおきも
やだやだ やだやだ まっぴらだ
やだやだ ヤダ君 あまのじゃく
ヤダ君 やだやだ いやだ やだ
あさから ばんまで ねごとにも
なんでも やだやだ ああいやだ
まいにち やだやだ いいどおし
ヤダ君 あるとき きがついた
やだやだ やだやだ いいすぎて
いやだと いわない ものがない
さいごの ひとつを のこしては
ヤダ君 やだやだ いやだ やだ
うでぐみ あぐらで だいけっしん
さいごの いやだを いってみた
やだやだ いうのは もういやだ！

小野 ルミ「ヤダ君」平成26年度版 学校図書「みんなと学ぶ 小学校 こくご 二年上」より

60点（一つ20）

① ヤダ君は、はじめは、どんなことがいやだと言《い》っていますか。詩の中の一行《ぎょう》に――を引《ひ》きましょう。

② 「さいごの ひとつ」とは、なんですか。

（　　　　　　）こと。

詩をさいごまで読んでみてね。

③ 「だいけっしん」とは、どうすることですか。○をつけましょう。

ア（　）さいごのいやだをきめておくこと。
イ（　）いやだと言うのをやめて、ちゃんとやること。
ウ（　）いやだと言わないで、何《なに》もしないこと。

2 ③詩のさいごの行のいみをよく考《かんが》えてみよう。

ようすや気もちを読みとる ③

月　日　時《じ》　分《ふん》〜　時　分

名前《なまえ》

点《てん》

1 つぎの詩《し》を読《よ》んで、下のもんだいに答《こた》えましょう。

50点

ピーマン

くどう なおこ

ペンキぬりたて
きをつけろ
パンパン
はたけの太鼓《たいこ》だぞ
耳にあてれば
小さな種《たね》が
ひそひそばなしの
さいちゅうだ

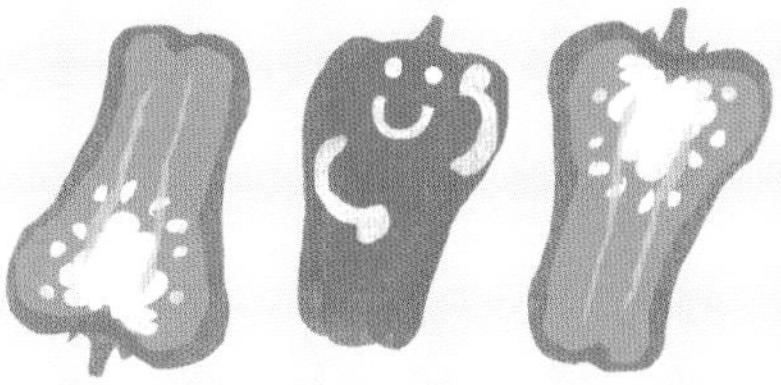

工藤 直子「ピーマン」〈くどうなおこ詩集〉より

① 「ペンキぬりたて」は、なんのようすをあらわしていますか。○をつけましょう。 15点

ア（　）はたけの立てふだのようす。
イ（　）ピーマンの色《いろ》のようす。
ウ（　）ピーマンがそだつようす。

② ピーマンの形《かたち》を何《なに》にたとえていますか。ひらがなで書《か》きましょう。 15点

［　　　］

二つめのまとまりを読もう。

③ 「ひそひそばなし」は、小さな種のどんなようすをあらわしていますか。○をつけましょう。 20点

ア（　）たくさんあつまっているようす。
イ（　）ならんでいるようす。
ウ（　）小さな音をたてるようす。

おうちの方へ

語のまとまりや詩の構成も意識しましょう。自由に書かれているように見える詩にも、形式的なきまりがあります。繰《く》り返し使われている言葉があることや、文章にまとまりがあることに気づかせましょう。

うおおお…！

2 つぎの詩《し》を読《よ》んで、下のもんだいに答《こた》えましょう。 50点

はるですよ
よだ　じゅんいち

わらびの太郎《たろう》が
目をさます。
わらびの次郎《じろう》が
目をさます。

はるですよ。
はるですよ。

かえるの太郎が
かおあらう。
かえるの次郎が
かおあらう。

はるですよ。
はるですよ。

与田　準一「はるですよ」〈ぼくがかいたまんが〉より

① 「目をさます。」は、わらびのどんなようすをあらわしていますか。○をつけましょう。 15点

ア（　）はっぱを広《ひろ》げたようす。
イ（　）土から、めを出したようす。
ウ（　）土の中で、ねをはるようす。

② 「はるですよ。」にこめられた気もちに、○をつけましょう。 20点

ア（　）春《はる》が来《き》たよろこび。
イ（　）春が来たおどろき。
ウ（　）春がおわったかなしみ。

③ かえるが、冬《とう》みんから目ざめて土から出たようすを、どんなことばであらわしていますか。 15点

（　　　　　　　　）。

冬《ふゆ》は土の中でねむっているんだよ。

2 ①土の中でねむっていたわらびが、おきあがるかんじなんだね。

36 まとめのテスト

月　日　もくひょう時間《じかん》15分《ふん》

名前《なまえ》

点《てん》

1 つぎの詩《し》を読《よ》んで、下のもんだいに答《こた》えましょう。 50点

あくび

ぶしか　えつこ

あかちゃんが
ちいさいあくびを　ひとつ
はふん

みんな　おしゃべりやめて
あかちゃんをみまもる
ひとさしゆびをくちにあてて
「しーっ」

あかちゃんの
ちいさいあくび
ほらまた　ひとつ
はふん

武鹿　悦子「あくび」　平成26年度版　学校図書「みんなと学ぶ　小学校　こくご　二年上」より

① だれのあくびについての詩《し》ですか。 10点

（　　　　　）

② あくびのようすをあらわす詩のことばを、書《か》きましょう。 10点

（　　　　　）

③ ひとさしゆびを口にあてるのは、なんの合図《あいず》ですか。考《かんが》えて書きましょう。 15点

（　　　　　）する合図。

④ あくびを見ている人たちの気もちに、○をつけましょう。 15点

㋐（　）やさしく見まもる気もち。

㋑（　）おきるのをまつ気もち。

㋒（　）とても心配《しんぱい》する気もち。

2 つぎの詩《し》を読《よ》んで、下のもんだいに答《こた》えましょう。 50点

だれかしら

よだ じゅんいち

だれかしら、
だれかしら、
おはなに　なまえを
つけた　ひと。

だれかしら、
だれかしら、
「ばら」って　なまえを
つけた　ひと。

だれかしら、
だれかしら、
「ゆり」って　なまえを
つけた　ひと。

だれかしら、
だれかしら、
おはなは　しって
いるかしら。

与田　準一「だれかしら」
平成26年度版　光村図書「こくご　二下　赤とんぼ」より

① 「だれかしら」とは、何《なに》をした人のことを考《かんが》えているのですか。詩のことばを書《か》きましょう。 15点

（　　　　　　　　）人。

② 詩の中に出てくる花の名前《なまえ》を、二つ書きましょう。 20点(一つ10)

（　　　　）（　　　　）

③ 「だれかしら」のくりかえしで、どんな気もちがつたわってくるでしょう。○をつけましょう。 15点

㋐（　）いらいらする気もち。
㋑（　）わけがわからない気もち。
㋒（　）とてもふしぎに思《おも》う気もち。

37 しあげのテスト1

月　　日　もくひょう時間《じかん》15分《ふん》

名前《なまえ》

点《てん》

いよいよ音楽会《おんがくかい》の日。

キツネ先生と森の学校のせいとたちは、朝《あさ》はやく森をでました。もちろんタヌキ先生とカバ先生も、いっしょです。

せいとたちは、せなかにおべんとうをいれたリュックサックをせおい、それぞれ木のえだや、花たばをかかえています。

キツネ先生は、りょう手に大きなバスケットをさげていました。なかみは、二百このドーナツです。

せいとたちは、それをしりませんから、歩《ある》きながら口ぐちにききました。

森山　京「ドレミファドーナツふきならせ」〈もりやまみやこ童話選　1〉より

1 つぎの文しょうを読《よ》んで、下のもんだいに答《こた》えましょう。 50点

① いつの日のお話《はなし》ですか。 10点

（　　　　）。

② せいとたちのほかに、朝はやく、森をでたのはだれですか。ぜんぶ書《か》きましょう。 20点

（　　　　｜　　　　）

③ キツネ先生は、りょう手に何《なに》をさげていましたか。 10点

（　　　　）。

④ ③の中には、何が入っていましたか。 10点

（　　　　）。

2 つぎの文しょうを読《よ》んで、下のもんだいに答《こた》えましょう。 50点

キツネ先生は、バスケットのなかからドーナツをとりだして、せいとたちにくばりました。

クマノ・クマサブロウや、トラノ・トラエモンには大きいのを、ヒツジ・メイコや、イノヤマ・シシキチには中《ちゅう》くらいのを、そして、ネズミ・チュウジや、リスノ・リスコには小さいのをわたしました。

タヌキ先生や、カバ先生ももらいました。カバ先生のドーナツは、とくべつに大きくて、クマノ・クマサブロウの顔《かお》ほどもありました。

「では、いいですか。はい。」

キツネ先生のタクトにあわせて、みんなはドーナツのあなに口をあて、ドレミファ、ソファミレ、と、鳴《な》らしました。

森山 京「ドレミファドーナツふきならせ」〈もりやまみやこ童話選 1〉より

① キツネ先生は、ドーナツをどこからとりだしましたか。 10点

（　　　　）。

② ドーナツは、何《なに》に合《あ》わせてくばられましたか。○をつけましょう。 10点

ア（　）体《からだ》の大きさ。

イ（　）力の強《つよ》さ。

ウ（　）声《こえ》の大きさ。

③ いちばん大きなドーナツをもらったのは、だれですか。 15点

（　　　　）

④ みんなは、ドーナツをどうしましたか。 15点

（　　　　）

38 しあげのテスト2

月　日　もくひょう時間《じかん》15分《ふん》

名前《なまえ》

点《てん》

1 つぎの文しょうを読《よ》んで、下のもんだいに答《こた》えましょう。

40点(一つ10)

スーホは、はねおきてかけていきました。みると、ほんとうに、白馬《しろうま》はそこにいました。けれど、そのからだには、やが何本《なんぼん》もつきささり、あせがたきのように流《なが》れおちていました。わかい白馬は、ひどいきずをうけながら、走《はし》って、走って、走りつづけて、大すきなスーホのところへ、帰《かえ》ってきたのです。

スーホは、はをくいしばって、つらいのをこらえながら、馬にささっているやを、ぬきました。きずぐちからは、ちがふき出しました。

「白馬、ぼくの白馬。死《し》なないでくれ！」

大塚　勇三　再話「スーホの白い馬」〈福音館書店〉より

① スーホは、どこにかけていきましたか。

（　　　）のところ。

② 白馬のからだのようすを、文しょうのことばで書《か》きましょう。

・やが（　　　）、

あせが（　　　）流れおちていた。

③ ――線《せん》のようすから、スーホのどんな気もちがわかりますか。合《あ》うほうに、○をつけましょう。

㋐（　）白馬をきずつけられて、とてもつらい気もち。

㋑（　）白馬が帰ってきたのが、とてもうれしい気もち。

2 つぎの文しょうを読《よ》んで、下のもんだいに答《こた》えましょう。

つぎの日、白馬《しろうま》は死《し》んでしまいました。

かなしさとくやしさで、スーホはいくばんも、ねむれませんでした。

でも、やっとあるばん、とろとろとねむりこんだとき、スーホは白馬のゆめを見ました。スーホが、なでてやると、白馬はからだをすりよせました。

そして、やさしくスーホに、話《はな》しかけました。

「そんなに、かなしまないでください。それより、わたしのほねや、かわや、すじやけを使《つか》って、がっきを作《つく》ってください。そうすれば、わたしは、いつまでも、あなたのそばにいられます。あなたを、なぐさめてあげられます。」

大塚　勇三　再話「スーホの白い馬」〈福音館書店〉より

60点（一つ10）

① スーホの気もちをあらわすことばを、二つ書《か》きましょう。

（　　　　）（　　　　）

② ゆめの中で、白馬はスーホにどのように話しかけましたか。

・スーホにからだを（　　　　）て、（　　　　）話しかけた。

③ 白馬は、スーホに何《なに》を作るように言《い》いましたか。

・白馬の（　　　　）を使った（　　　　）。

39 しあげのテスト3

月　日　もくひょう時間《じかん》15分《ふん》

名前《なまえ》

点《てん》

1 つぎの文しょうを読《よ》んで、下のもんだいに答《こた》えましょう。

カラスノエンドウは、どうぶつやかぜの力をかりずに、自《じ》分《ぶん》でたねをとばします。たねは、細長《ほそなが》いさやの中に入っています。

たねがじゅくすころになると、太《たい》ようのひかりをあびて、さやが、だんだんかわいて、ちぢんでいきます。そして、とつぜんパチンとさけて、中のたねが、いきおいよく外《そと》にとび出すのです。はかってみると、二メートル近《ちか》くもとぶことがあるようです。

でも、ただ、さやにはじかれただけでは、遠《とお》くへとぶことはできません。そこで、カラスノエンドウのたねは、まんまるのかたちをしています。

中西　弘樹「たねのたび」平成29年度版　三省堂「小学生のこくご　二年」より

50点

① カラスノエンドウの何《なに》について、せつ明《めい》した文しょうですか。〇をつけましょう。 15点

㋐（　）たねのでき方《かた》。

㋑（　）たねのとばし方。

㋒（　）さやのさけるようす。

② たねがじゅくすころ、さやは、どうなりますか。 20点（一つ10）

・かわいて（　　　）いく。

↓

・とつぜん（　　　）、

中のたねがとび出す。

③ たねは、遠《とお》くへとぶために、どんなかたちになっていますか。 15点

（　　　）のかたち。

2 つぎの文しょうを読《よ》んで、下のもんだいに答《こた》えましょう。

50点（一つ10）

このように、草花のたねは、どうぶつやかぜなどにたすけられて、遠《とお》くからはこばれてきたり、自分《じぶん》の力でとんでいったりします。たねは、たどりついたところでめを出し、なかまをふやしていきます。

草花は、なかまをふやすために、たねを、できるだけ多《おお》くの場《ば》しょへ、はこぶくふうをしているのです。

中西　弘樹「たねのたび」平成29年度版　三省堂「小学生のこくご　二年」より

① 草花のたねは、どのようにして遠くにはこばれるのですか。

・（　　　）や（　　　）などにはこばれたり、（　　　）でとんでいったりする。

② 草花は、どこにたねをはこぶくふうをしていますか。○をつけましょう。

ア（　）できるだけ多くの場しょ。

イ（　）人があまり来《こ》ない場しょ。

ウ（　）同《おな》じ草花がさく場しょ。

③ 草花が、たねをはこぶくふうをしているのは、なんのためですか。

（　　　　　　）ため。

1 つぎの文しょうを読《よ》んで、下のもんだいに答《こた》えましょう。　50点

紙《かみ》パックとペットボトルのふたをつかって、こまを作《つく》りましょう。ていねいに作って、みんなで回《まわ》して、あそびましょう。

このこまは、本体《ほんたい》、つまみ、じくの三つのぶぶんでできています。

一　本体を作りましょう

はじめに、図《ず》1のように、紙パックの四つの角《かど》に切《き》りこみを入《い》れて、ひらきます。これで四まいのはねができます。

つぎに、図2のように、アのおり目から四センチメートルのところを切って、はねを同《おな》じ長《なが》さに切りそろえます。

これで本体ができました。

いまい　みさ「紙パックで、こまを作ろう」平成29年度版　三省堂「小学生のこくご　二年」より

① なんの作り方《かた》について、せつ明《めい》する文しょうですか。　15点

（　　　）の作り方。

② 「このこま」は、どんなこまですか。　20点(一つ10)

・（　　　）と（　　　）で作るこま。

③ 「図1」「図2」は、それぞれつぎのどちらですか。番《ばん》ごうを書《か》きましょう。　二つできて15点

㋐（　）

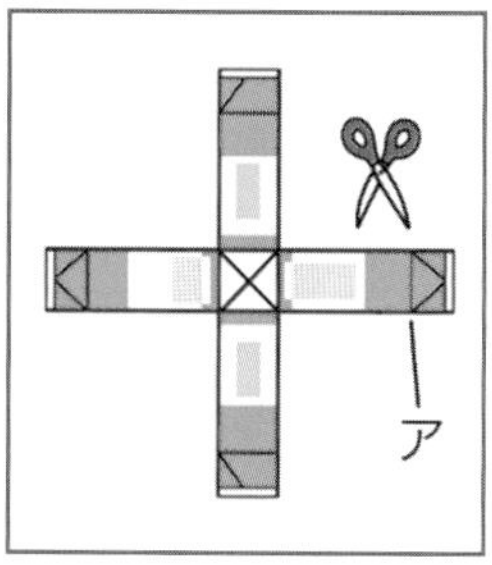

㋑（　）

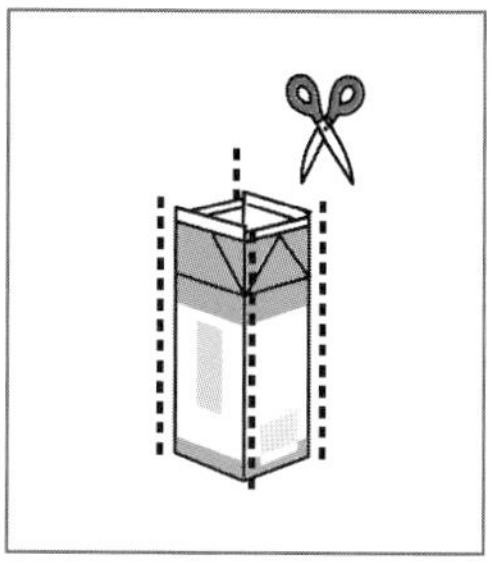

2 つぎの文しょうを読《よ》んで、下のもんだいに答《こた》えましょう。 50点

はねから切《き》りはなしたぶぶんを一つつかって、つまみを作《つく》ります。

はじめに、図《ず》3のように、のりづけされていたところを切りおとします。

つぎに、図4のように、まん中を山におり、はしから一センチメートルのところを、それぞれたににおります。そして、図5のように、セロハンテープではり合《あ》わせます。

これで、つまみができました。つまみを、図6のように、本体《ほんたい》のまん中に、セロハンテープではりつけます。

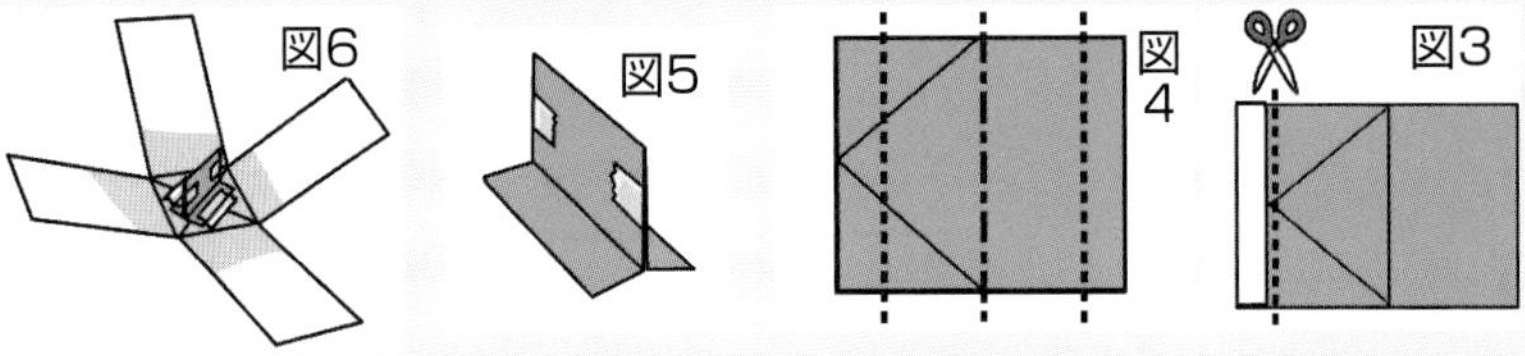

いまい みさ「紙パックで、こまを作ろう」平成29年度版 三省堂「小学生のこくご 二年」より

① こまの、なんの作り方をせつ明《めい》していますか。 10点

（　　　　）の作り方。

② 作り方は、どのようなじゅんじょでせつ明されていますか。せつ明のじゅんに、番《ばん》ごうを書《か》きましょう。 ぜんぶできて40点

□ 山おりにしたところを、セロハンテープではり合わせる。

□ まん中を山におり、はしをそれぞれたににおる。

□ できたつまみを、本体にはりつける。

□ のりづけされていたところを切りおとす。

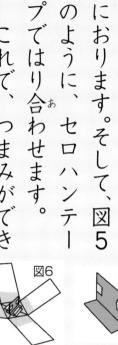

41 しあげのテスト5

月　日　もくひょう時間《じかん》15分《ふん》

名前《なまえ》

点《てん》

1 つぎの詩《し》を読《よ》んで、下のもんだいに答《こた》えましょう。

くまさん

まど・みちお

はるが　きて
めが　さめて
くまさん　ぼんやり　かんがえた
さいているのは　たんぽぽだが
ええと　ぼくは　だれだっけ
だれだっけ

はるがきて
めが　さめて
くまさん　ぼんやり　かわに　きた
みずに　うつった　いいかお　みて
そうだ　ぼくは　くまだった
よかったな

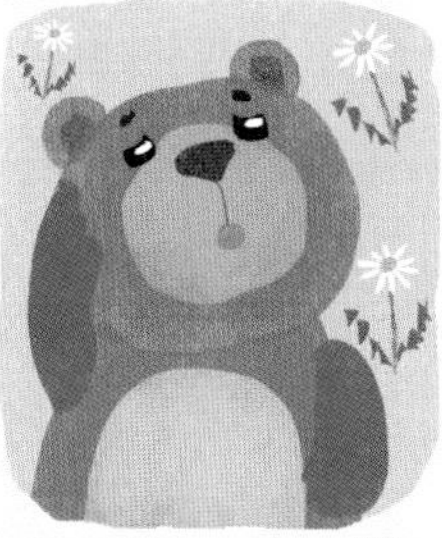

まど・みちお「くまさん」平成29年度版　三省堂「小学生のこくご　二年」より

① いつのきせつの詩ですか。　10点

（　　　）

② 目がさめたくまさんのようすをあらわすことばを書《か》きましょう。　10点

③「ぼくは　くまだった」とわかったのは、何《なに》を見たからですか。詩のことばを書きましょう。　15点

④「ぼくは　くまだった」とわかったときの、くまさんの気もちをあらわすことばを、書きましょう。　15点

（　　　）

50点

2 つぎの詩《し》を読《よ》んで、下のもんだいに答《こた》えましょう。　50点

六月のかさ

江口《えぐち》　あけみ

ぱっと　ひらけば
ぼくは　まもられる
きみに
小さな　いきもの

ひらかれた　きいろい宇宙《うちゅう》
きみに　よりそい
きみに　いのちを　あずけて
宇宙は　まわりだす

しとしとと　ふりつづく
六月の雨のなか
ぼくは　きみといっしょに

江口　あけみ「六月のかさ」〈ひみつきち〉より

① 「きみ」とは、なんのことですか。　10点

② 「小さな　いきもの」とは、だれのことですか。　10点

③ 「きいろい宇宙」は、なんのようすですか。○をつけましょう。　15点

㋐（　）あつい雲《くも》でおおわれた空。
㋑（　）六月のふりつづく雨。
㋒（　）「ぼく」がひらいたかさ。

④ 「ぼく」は、「きみ」のことをどう思《おも》っていますか。○をつけましょう。　15点

㋐（　）まもってあげたい。
㋑（　）たよりにしている。
㋒（　）すぐにはなれたい。

しあげのテスト5

答え

2年の 文《ぶん》章《しょう》読《どっ》解《かい》

1 きほんのドリル P.5・6

❶ ①たぬき　②下ろした　③魚　④入らなかった。

❷ ①㋑　㋒　②川・入れた　③たぬきにあげた。

おうちの方へ

主語と述語をとらえる問題です。

❶ ④「入りませんでした」と敬体で答えてもかまいませんが、三年生以上では、常体で答えることがふつうなので、二年生でも正解を常体で示しています。これ以降も同様です。「いいえ。」でも正解です。

2 きほんのドリル P.7・8

❶ ①みのり・りの　②すず　③だっこした。　④おやねこ　⑤ベンチの下をのぞいている。

❷ ①紙　②しゃしん　③あかね・みのり　④子ねこ・なめていた

おうちの方へ

❷ ④最後の一文の主語を確認しましょう。

3 きほんのドリル P.9・10

❶ ①こおろぎ　②ひよこ・えさ　③あいさつ　④㋒

❷ ①こおろぎ・ひよこ　②はね　③こおろぎ　④けらい

おうちの方へ

❶ ③「ひよこさん、こんにちは」は、あいさつです。

❷ 「～は、～を～して、～に～した。」という文の骨格をとらえましょう。

4 きほんのドリル P.11・12

❶ ①ひよこ　②ねこ　③㋐　㋑　④ひよこ

❷ ①㋐　㋑　㋓　㋔　②とぐちのまえ　③たろう　④ごきげんな

おうちの方へ

❶ ③ねこは「ひっかいちゃうぞ！」とは言っていますが、実際にはひっかいていません。

❷ ①「と」で並べられている複数の主語をとらえます。

5 まとめのテスト P.13・14

1 ①竹のはっぱ ②ウ ③雪・どけよう・ふんばっている

2 ①お日さま ②いきをすい、ふうっといきをはいた。 ③竹やぶ――ゆれる。／おどる。 雪――とける。 ふきのとう――せが のびる。／ふんばる。

おうちの方へ

1 ②小さな声は、雪の下から聞こえてきたのです。

2 ③「何が、どうする」を、確実にとらえましょう。

6 きほんのドリル P.15・16

1 ①おなら ②おならは、どうして 出るのでしょう。 また、どうして くさい においがするのでしょう。

2 ①ツバメ・す ②町や村 ③空気 ④ア ③てき・す

おうちの方へ

1 「どうして くさい……のでしょう。」の問いかけの文の答えとして、理由を表す「ので」を用いて説明されています。

2 ②問いかけの文から、話題をとらえましょう。

7 きほんのドリル P.17・18

1 ①新かん線 ②新かん線は、どうして はやく走れるのでしょうか。

2 ①お米 ②イネ ③ウ ③イ ウ ④ゆるやか（だ）・ない ④春――なえを うえる。 夏――ほが つく。 秋――実が みのる。

おうちの方へ

1 ②の問いかけの文に対する答えが、③・④の内容です。

2 ③二つの文は、イネの生長過程を説明しています。

8 きほんのドリル P.19・20

1 ①カミキリムシ ②イ ③ドリル

2 ①（じぶんの）体 ②ケラ・カマキリ ［順不同］ ③ケラの 前足――くまで カマキリの 前足――あみ

おうちの方へ

1 ①「いったい、だれが……」という問いかけの文と、「答えは……」という答えの文から話題をとらえます。

2 ③ケラについても、カマキリについても、段落の二文めに、人間の道具にたとえた説明があります。

9 きほんのドリル P.21・22

❶ ①人間がまだはっ明していない ②アメンボ ③㋐ ㋓

❷ ①では、どうして 虫たちは、このような 体を もつように なったのでしょう。 ②生き方 ③すむ場所・食べもの・くらし方［順不同］

おうちの方へ

❶ ③アメンボの足の次に、ハエやアブの手足についての説明が書かれています。

❷ ③最後の一文が、①の問いかけの答えになります。

10 まとめのテスト P.23・24

❶ ①ほたる ②しんごう ③㋑ ④五百・千

❷ ①㋐ ②さなぎ ③二、三

おうちの方へ

❶ ②「ほたるの 光は、……しんごうです。」の文の、主語と述語を確認します。

❷ ①文章の最後まで読んで、どの成長過程まで説明されているかをとらえます。

11 きほんのドリル P.25・26

❶ ①土曜日 ②じどう公園 ③きのう ④パンやの前

❷ ①㋑ ②十時（から） ③ゴールのすぐ前 ④一ちゃく

おうちの方へ

❶ 物語の読み取りは、いつ、どこで、という場面をとらえることが重要です。「〜曜日」や「きのう」など、日時を表す言葉や、「〜で」という場所を表す言葉をとらえます。

❷ ①「〜とき」という時間を説明する語句をとらえましょう。

12 きほんのドリル P.27・28

❶ ①夏 ②ありのす ③草のかげ ④㋒

❷ ①冬 ②すの中 ③ありのす ④㋒

おうちの方へ

❶ ②③「〜に」「〜で」という場所を表す言葉に注目します。

❷ 物語では、移り変わる場面や時をおさえて読み取ります。❶が夏で❷が冬という、場面の変化の中で、登場人物の状況《じょうきょう》をおさえていくようにします。

13 きほんのドリル P.29・30

1 ①きつね・さんぽ　②木のかげ　③㋑

2 ①つぎの日　②おおかみ・きつね
③㋐　④くまのかんびょう

おうちの方へ

1 ①おおかみが、何をしているときかを確認します。

2 ③・④最後の文に着目しましょう。

14 きほんのドリル P.31・32

1 ①二年生　②ピアノ
③㋒　④ピアノ・歌［順不同］

2 ①弟・四　②あまえんぼう　③㋐

おうちの方へ

1 物語の読み取りでは、登場人物の設定をつかむことが重要です。年齢《ねんれい》や、何をしているか、また、他の人物とどんな関係か、などをおさえましょう。

2 人物の性格を表す言葉や様子に注目します。

15 きほんのドリル P.33・34

1 ①おおかみ　②㋐　③やさしいやつ

2 ①㋐　②くま　③友だち

おうちの方へ

1 本当はやさしいのに、意地悪なふりをするおおかみの性格を読み取りましょう。

2 くまは、おおかみの看病《かんびょう》で元気になったのです。きつねは、おおかみの様子を見てわらっています。

16 まとめのテスト P.35・36

1 ①木の下　②㋐
③へんじ　④きりかぶのうしろ

2 ①（のばらの）やぶのかげ　②のばらのとげ
③㋒　④（うすみどりの）ばった

おうちの方へ

1 ②「目を　つぶって、かずを　かぞえて」います。

2 ③血が出たとき、「なくのを　がまん」しています。

17 きほんのドリル P.37・38

1 ①せなか・頭とむねとあし　②おなか　③㋒

2 ①ねっこ　②め　③㋐4　㋑2　㋒3　㋓1
④はっぱのつけね

おうちの方へ

「まず」「つぎに」「さいごに」など、順序を表す言葉を確認しておきましょう。

18 きほんのドリル P.39・40

1 ①ウ ②ア3 イ2 ウ1

2 ①さか道を下りる ②ア ③（右から）3—2—1

おうちの方へ

1 ②ポイントとなる言葉をとらえ、絵と照合します。

2 ③「こんどは」「つぎに」に注目します。

19 きほんのドリル P.41・42

1 ①ア ②自分の体のおもさ ③ア

2 ①びょう気をふせぐもの ②お母さんのち ③ア ④おっぱい（の色）・白い

おうちの方へ

1 ①「しかし」は、その前の内容と反対の内容をつなぐときに使う、逆接の接続詞です。

2 ③血が赤いことと、おっぱいが白いことをつなぎます。

20 きほんのドリル P.43・44

1 ①子ども ②えら ③イ ④しおふき

2 ①高く上げてさかんにふる ②少し下げて、ゆっくりふる ③イ

おうちの方へ

さししめすことば（指示語）は、ほとんどの場合、直前に述べられた内容を指します。

1 ②魚にあって、クジラにはないものです。

21 まとめのテスト P.45・46

1 ①白いかたまり ②すの中 ③白いかたまり・すの外にすてる

2 ①イ ②エ ③あり ④コンクリートのわれ目・高い石がき［順不同］

おうちの方へ

1 ③ありは、種を食べずに捨てています。

2 ②反対の内容をつなぐ、逆接の接続詞です。

22 きほんのドリル P.47・48

1 ①まるくて小さな ②古い ③細くて赤いはし ④ウ

2 ①ア ②自てん車をころがしながら ③海の上をとぶかもめ

おうちの方へ

1 それぞれの様子を表す修《しゅう》飾《しょく》語《ご》をとらえます。

2 動作の様子を表す語句（連用修飾語）に注目します。

23 きほんのドリル P.49・50

❶ ①㋑ ②ぐずぐず ③㋐ ④丸くて黄色い

❷ ①しっぽのように ②もくっ ③㋒ ④㋑

おうちの方へ

❶ ①・②「キラキラ」「ぐずぐず」は、同じ音を重ねて様子を表す擬態語《ぎたいご》、③「しとしと」も雨の様子を表す擬態語です。④「〜みたい」は、たとえを使って様子を表す比喩《ひゆ》表現です。

❷ ①・③「〜のように」という比喩表現に注目します。

24 きほんのドリル P.51・52

❶ ①つぎのつぎの土よう日 ②あたらしくできた ③㋐ ㋒

❷ ①心配そうな（心ぱいそうな） ②古ぼけたピアノ ③あめ色 ④元気のない声

おうちの方へ

❶ ③「さあ」から始まる段落を確認します。

❷ 「どんな〜か」を表す言葉をおさえると、場面の様子をくわしく想像することができます。

25 きほんのドリル P.53・54

❶ ①ふあん ②㋐ ③さびしい ④かなしい

❷ ①㋑ ②大すき ③うれしい ④㋑

おうちの方へ

物語の読解では、気持ちの読み取りが重要です。「うれしい」「かなしい」など、気持ちを直接表す心情語が文章中にある場合は、まず、それに注目します。

❶ ③・④ ❷ ③は、「気もち」に続く形に変えて答えます。

26 きほんのドリル P.55・56

❶ ①㋑ ②㋐ ③れい とても、おどろいたから。

❷ ①㋑ ②㋒ ③はげまそう

おうちの方へ

文章中に心情語がない場合は、人物の様子や表情の記述から、気持ちを読み取ります。また、人物がおかれた状況《じょうきょう》から、気持ちを想像することも必要です。

❶ ③状況から、こうたがショックを受けていることを読み取ります。

❷ ①お父さんが、どんな気持ちで言ったかを考えます。

27 まとめのテスト　P.57・58

1 ①おおいばり　②きずや、あざ
③白馬をとられたかなしみ　④ウ

2 ①おそろしいいきおい・ふりはな・風のように
②ア

おうちの方へ
1 ③・④後半の段落から読み取ります。
2 ②つかまらないなら殺せ、と言っています。

28 きほんのドリル　P.59・60

1 ①どんぐりをあつめて　②ほおぶくろ(ほっぺた)
③左右の「ほおぶくろ」にいくつか入れて

2 ①おちばの下　②イ　③3

おうちの方へ
説明文の要旨《ようし》をとらえる練習をします。
1 ①二文あるうち、一文めが要旨、二文めは理由です。
2 ②[2]の段落の内容から読み取ります。

29 きほんのドリル　P.61・62

1 ①(また)つかえるようにする　②ウ
③しげんごみとして出す

2 ①ア　②(きちんと)分けて出す
③ごみを分けて出すこと。

おうちの方へ
1 ①「……するためです。」に注目します。
2 ③最後の「……ことが大切です。」という文に、説明文をまとめた、大事な部分があります。

30 きほんのドリル　P.63・64

1 ①にげてはいけないところ
②つかまえるのがたいへん

2 ①イ　②すぐにつかまってしまう　③ウ
③走るのがにがてな人

おうちの方へ
1 ③最後の文に、この遊び方の特長が書かれています。
2 ①「つかまらないとき」の具体例が前の部分に書かれているので注目しましょう。

31 きほんのドリル

P.65・66

1 ①おにになっておいかける ②㋐ ㋑ ③おわってしまう

2 ①楽しめる・くふう ②あそぶところ・なかま(のこと) 〔順不同〕 ③だれもが「楽しかった。」と思える

おうちの方へ

1 ②おにが一人のときと比べて、どのような違《ちが》いがあるのかを考えます。

2 ③筆者の考えをまとめて述べた一文を探《さが》します。たいていは、文章の最後に書かれています。

32 まとめのテスト

P.67・68

1 ①(人や犬などの)どうぶつ ②(たくさんの)とげ ③ふくやけに(ひっかかって、)くっつく。 ④とげの先がまがっている

2 ①かぜ ②パラシュート・わたげ ③㋒

おうちの方へ

1 ④「〜ので」という理由を表す部分に注目します。

2 ②二つめの段落の「かぜにのり」に注目して、何がついているから風にのれるのかを読み取ります。

33 きほんのドリル

P.69・70

1 ①しっとり ぬれている。 ②㋑ ③きのうのけんか ④あやまりに行くこと。

2 ①クスクス——小さなわらい声
ゲラゲラ——大きなわらい声
②これ、なあんだ? ③㋑ ④㋐

おうちの方へ

1 雨の様子と、自分の気持ちとを、重ねて表現していることに着目して、詩を読み取りましょう。

2 ④二人でなぞなぞ遊びをする場面を想像しましょう。

34 きほんのドリル

P.71・72

1 ①ブドウに はいれ/リンゴに はいれ ②ぷるん ぷるん ちゅるるん ③㋑

2 ①べんきょう おつかい はやおきも ②やだやだいう ③㋑

おうちの方へ

1 ①「おもくなれ」など各連最後の二行は、雨つぶではなく、果物に対しての思いです。

2 ②「いやだと いわない ものがない」という二重否定の言い方に注意しましょう。

35 きほんのドリル

P.73・74

1 ①㋑ ②たいこ ③㋐

2 ①㋑ ②㋐ ③かおあらう

おうちの方へ

❶ ピーマンについて、第一連が色、第二連が形、第三連が中の様子を表現しています。繰《く》り返しのリズムにも注目します。

❷ ③人が朝、起きたときにすることをあてはめて、かえるが冬眠《とうみん》から目覚めたことを表しています。

36 まとめのテスト

P.75・76

1 ①あかちゃん ②はふん

③れい しずかに ④㋐

2 ①おはなに なまえを つけた

②ばら・ゆり ［順不同］ ③㋒

おうちの方へ

❶ ③声をたてないようにする合図です。

④赤ちゃんを起こさないように見守っています。

❷ ①第一連の三、四行めが疑問の対象です。「ばら」や「ゆり」の名前をつけた人は、その例です。

37 しあげのテスト1

P.77・78

1 ①音楽会の日

②キツネ先生・タヌキ先生・カバ先生 ［順不同］

③(大きな)バスケット ④二百このドーナツ

2 ①バスケットのなか ②㋐ ③カバ先生

④(あなに口をあて、)(ドレミファ、ソファミレ、と、)鳴らした。

おうちの方へ

❶ ②登場人物がだれなのかを丁寧《ていねい》に読み取ります。

❷ ①初めの文から読み取ります。

38 しあげのテスト2

P.79・80

1 ①白馬 ②何本もつきささり・たきのように

③㋐

2 ①かなしさ・くやしさ ［順不同］

②すりよせ・やさしく

③ほねや、かわや、すじやけ・がっき

おうちの方へ

とのさまにうばわれた白馬が、逃《に》げ出して帰ってきた場面です。

❶ ③白馬を奪《うば》われ、傷つけられたつらさです。

❷ ③白馬が話した会話文から読み取ります。

39 しあげのテスト3

P.81・82

1 ①㋑　②ちぢんで・(パチンと)さけて
③まんまる

2 ①どうぶつ・かぜ・自分の力　②㋐
③なかまをふやす

おうちの方へ

1 ③「……遠くへとぶことはできません。そこで、」のあとが、遠くにとぶための説明です。

2 ③「〜ために」という言葉をさがします。

40 しあげのテスト4

P.83・84

1 ①こま　②紙パック・ペットボトルのふた
③㋐2　㋑1

2 ①つまみ　②(右から)3—2—4—1

おうちの方へ

1 ①・②はじめの一文に注目します。「このこま」は、作ろうとするこまを指しています。

2 ②「はじめに・つぎに・そして」という順序を表す言葉に注意して、作る順序を確認しましょう。

41 しあげのテスト5

P.85・86

1 ①はる　②ぼんやり
③みずに　うつった　いいかお
④よかったな

2 ①かさ　②ぼく　③㋒　④㋑

おうちの方へ

1 ②目が覚めて考えているくまさんの様子です。「かんがえた」を修飾《しゅうしょく》している言葉を答えます。

2 「ぱっと」開いたのは、「ぼく」が開いた「きいろい」かさです。雨の中、かさを差して歩いているときのことを、思いうかべてみましょう。